Landsberger Autorenkreis

Zwischen den Toren

Anthologien des Landsberger Autorenkreises

Band 3

Buchreihe herausgegeben von

Helmut Glatz

Band 3 herausgegeben von

Max Dietz

Landsberger Autorenkreis

Zwischen den Toren

Neu erkundete Lyrik und Prosa aus einer mitteilsamen Stadt

Mit Zeichnungen von

Monika Bayerle, Günter Bohn, Max Dietz, Helmut Glatz, Thomas Glatz, Lore Kienzl und Franz Oberhofer

Herausgegeben von

Max Dietz

2015
Landsberg am Lech

Bibliografische Information der Deutschen Nationalbibliothek: Die Deutsche Nationalbibliothek verzeichnet diese Publikation in der Deutschen Nationalbibliografie; detaillierte bibliografische Daten sind im Internet über http://www.d-nb.de abrufbar.

Herausgeber der Reihe „Anthologien des Landsberger Autorenkreises": Helmut Glatz

www.landsberger-autorenkreis.de

Umschlaggestaltung: Doris Oberhofer, Schwabsoien, unter Verwendung von Colourbox-Fotos

Gestaltung: Max Dietz, Landsberg am Lech
Satz und Lektorat: Kraus PrePrint, Landsberg am Lech
Druck und Bindung: Comuto Digital Media, Augsburg

ISBN 978-3-00-049727-8

Inhalt

Helmut Glatz

Die deutsche Sprache ist voller Seltsamkeiten

Betrachten wir zum Beispiel die Steigerungsformen.

Den Komparativ. Dicht – Dichter – am dichtesten. Was soll nun dieses „Dichter“, das da schwebt zwischen Grundform und Superlativ, eine auf verschiedenen Skalen hin und her oszillierende Seltsamkeit? Wie in einer Heisenbergschen Unschärferelation gefangen, abhängig vom Standpunkt des Betrachters, des Autors, der Wasserstandsmeldungen und der Urlaubstermine.

„Ich würde auch gerne Lyrik schreiben“, sagte mir jemand letzthin. „Können Sie mir da einen Ratschlag geben?“

Natürlich kann ich einen Rat geben, aber er ist immer verkehrt, weil er vom Standpunkt des Betrachters (des Autors, der Wasserstandsmeldungen, der Urlaubstermine) abhängt. Ich könnte zum Beispiel den Ratschlag geben: Machen Sie keine Gedichte! Begeben Sie sich nicht in Gefahr! Wozu auch? Gedichte will niemand hören, niemand lesen, geschweige denn drucken oder auswendig lernen. Sind sie gut, erregen sie nur den Neid der Kollegen; sind sie schlecht, wird man ausgelacht; sind sie gut oder schlecht oder irgendetwas dazwischen, werden sie von den Kritikern auf die Schlachtbank geführt, seziert, tranchiert und häppchenweise den Werwölfen vorgeworfen.

Ich könnte zum Beispiel den Ratschlag geben: Wenn Sie ein Gedicht schreiben wollen, gehen Sie nicht von dem aus, was Sie schreiben wollen. Das „Wollen“ ist eine gefährliche Geschichte für Gedichte. Sagen Sie nicht: Ich will ein Gedicht machen über den Herbst, die Liebe, die Sonnenuntergänge oder die Kartoffeläcker. Gehen Sie nicht vom Zweck aus, sondern vom Wort.

Ein Gedicht soll aus dem Wort, aus der Sprache, vielleicht auch aus dem Bild, der Vorstellung, dem Klang entstehen. Es soll aus der Erde wachsen wie das Kartoffelkraut, und irgendwann wird es zu blühen beginnen. Und wenn Sie Glück haben, wird sich vielleicht an stillen Abenden ein Regenbogen über das Feld spannen, oder die Sonne wird singend hinter dem Horizont verschwinden. Das ist der zweite Ratschlag, den ich Ihnen gebe, und er ist ebenso verkehrt wie alle anderen.

Der dritte Ratschlag ist der: Nehmen Sie nicht das Wort in seiner Eigentlichkeit. Ein Wort ist nie Wort im wörtlichen Sinn, wie die Wirklichkeit nie wirklich Wirklichkeit und die Wahrheit nie Wahrheit ist. Ein Wort hat immer einen Hof um sich wie der Mond an schlechten Tagen. Unschärferelation der Sprache. Fassen Sie das Wort vorsichtig an seinen Rändern, an seinen Unschärfen, lassen Sie es schillern, schweben, oszillieren, dass es in aufregenden Mischfarben zu klingen beginnt und in gewagten Akkorden wunderbare Farbe gewinnt. Das ist der dritte Ratschlag, und er ist ebenso verkehrt wie alle anderen.

Der vierte Ratschlag ist der: Lesen Sie viele Gedichte, und zwar gute. Hüten Sie sich vor schlechten Texten, sie verderben den Magen. Hüten Sie sich vor allem vor den Anthologien dubioser Autorenkreise! Ihr Inhalt ist Konfektionsware, Fastfood. Solche Anthologien sind Dönerbuden des Literaturbetriebs. Machen Sie mit Ihrer kleinen, feinen Gedichtsammlung einen Bogen um die Bude herum, setzen Sie sich in einen stillen Winkel unter einen Baum und beginnen Sie zu lesen.

Wenn Sie aber die Kühnheit besitzen, selbst ein Gedicht zu machen, so versuchen Sie, sich vom Boden zu lösen, Grenzen zu überschreiten. Halten Sie sich nicht auf bei dem tausendmal Gedachten und Geschriebenen. Klettern Sie auf den Baum. Denken Sie daran: Ein Wort ist nicht das, was es ist. Die Wirklichkeit ist nicht wirklich. Was vergangen ist, kommt, und was kommt, wird nie sein. Oder so ähnlich. Unschärferelation der Zeit. Auf den unteren Ästen werden Sie Wieland und Klopstock entdecken, weiter oben Novalis und Goethe, irgendwo Eich, Kirsch und Rilke, der ganze Baum hängt voller reifer Dichter. Klettern Sie weiter, und irgendwann, in einem mutigen Augenblick, lassen Sie den Ast los, auf dem Sie sitzen, und lassen Sie sich fallen! Wenn Sie Glück haben, werden Sie irgendwo landen zwischen Grundform und Superlativ, in einer oszillierenden Welt des Traums, der Morgen- und Abenddämmerung, auf einem blühenden Kartoffelacker, und alle Wirklichkeiten und Unwirklichkeiten werden Sie umgeben.

Wenn Sie kein Glück haben, werden Sie in die aufgesperrten Rachen der Kritiker stürzen, die Sie abhäuten und den hungrigen Wer-, Wes-, Wo-, Wann- und Warumwölfen vorwerfen. Und vielleicht, vielleicht, wenn Sie besonders großes Pech haben, werden Sie sogar in der Anthologie eines Autorenkreises abgedruckt.

Landsberg am Lech, im Mai 2015

Heimat

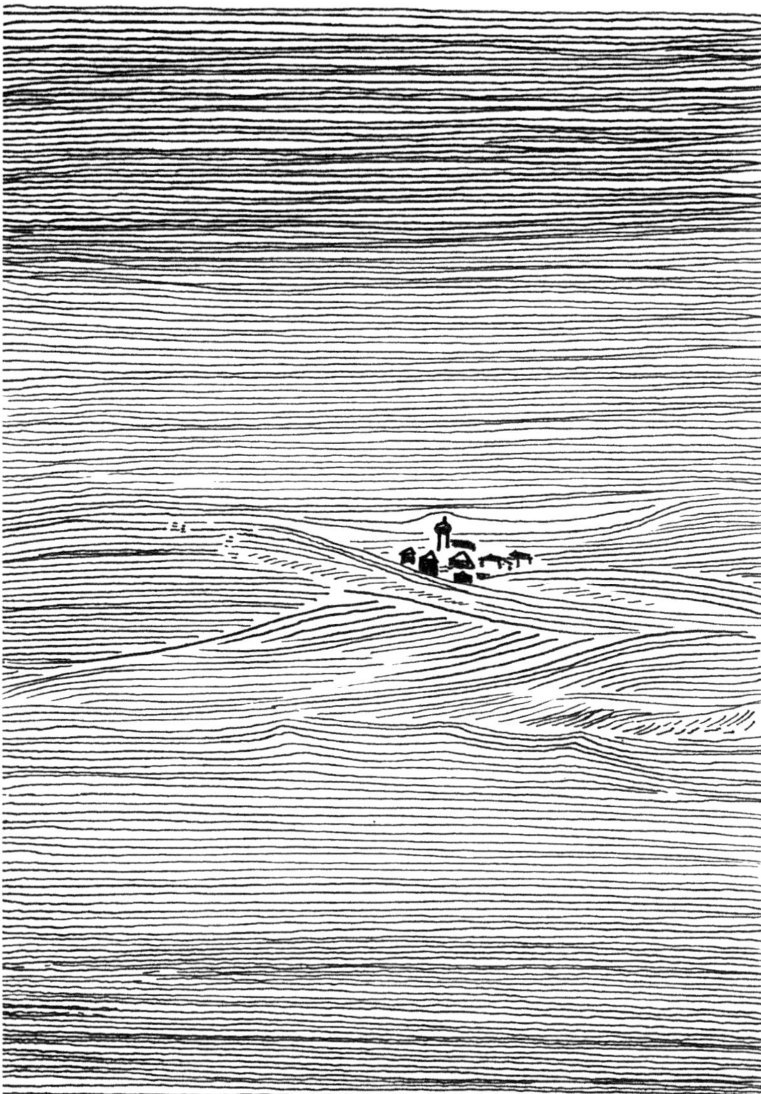

Günter Bohn: *Waalheimat*

Jeder Gast auf Erden hat Sehnsucht nach seiner angestammten Heimat. (MD)

Helmut Glatz

Oh, wie sie sangen!

Oh, wie sie sangen,
Villon von Paris, Pirandello von Rom, Rilke von Prag.
Ich aber schreibe von Landsberg.
Mein Veitsdom liegt am Krachenberg,
mein Arc de Triomphe führt in die Schlossergasse,
mein Kolosseum steht am Rossmarkt
und schnaubt durch die Nüstern.

Ich weiß, sie ist schwer zu zähmen, diese Stadt.
Sie schäumt wie der Fluss,
schlägt aus gegen Schwaben,
bleckt ihre Häusergiebel in den bayrischen Himmel.

Man muss sie festhalten, diese Stadt,
dass sie nicht abtreibt, den Fluss hinunter
mit ihrer Fracht aus Erinnerung und Vergangenheit,
schwer genug.

Vielleicht schlurft auch hier ein Golem durch die Gassen,
haust ein Glöckner im Turm,
schleicht ein Phantom durch die Kavernen des Stadttheaters,
wer weiß.

Ich aber stehe am Rossmarkt und versuche sie zu zähmen
und werfe ihr Wörter vor
und Sätze voller Fragezeichen und Rufzeichen
und manchmal ein Gedankenstrich dazwischen.

Oh, es sind viele Geschichten, die ich ihr vorwerfe,
aber sie schnaubt nur
und lacht mir ins Gesicht und sagt, es ist alles ganz anders,
und die Wirklichkeit ist nur ein Traum,
in die Fluten des Flusses geworfen.

Angelika Müller

Sog

Komm, komm,
folge mir;
hab keine Angst vor meiner Weite.

Komm, komm,
tanz mit mir,
mit meinem zarten, quirligen Schaum.

Komm, komm,
ich lang nach dir,
fass mit meinen Zungen deine Füße.

Komm, komm,
spring mit mir,
so wie ich mich vor Freude überschlage.

Komm, komm,
sing mit mir,
ich dröhne weit draußen vor Ungeduld.

Komm, komm,
tauch mit mir,
erforsche meine geheimnisvollen Tiefen.

Komm, komm,
nur mit mir, mit mir…
zieh dich saugend weg… mit mir…

Angelika Müller

Lechpromenade

Breite Mauer, breiter Fluss –
ich muss
unbedingt anhalten,
um die Naturgewalten
beim Rauschen
zu belauschen
und beim rasanten Fließen
den Anblick zu genießen.
Untergehende Sonne
breitet sich mit Wonne
anmutig glänzend
und den Himmel schwänzend
über dem Gekräusel aus.

Ein Stück voraus
beugen sich Baumkronen,
in denen laut
zwitschernd Vögel wohnen,
über gekieselte Ufer.

Ein experimentierfreudiger
Rufer
versucht, alle Laute zu übertönen,
um am Brückenende einer farbenfreudigen
schönen
Frau zu gefallen.

Über all dem wallen
überraschend Urlaubsgefühle.
Gleichgesinnte füllen Caféhausstühle,
lassen
sich vom Treiben verführen,
wollen
Freizeitluft spüren.

Hannelore Warreyn

Der Mutterturm

Gelegen am Ufer des Lechflusses
umgeben von einem Buchenhain
in dem du kannst den Vögeln lauschen
wie dem unaufhörlichen Lechwehrrauschen
nach allen Himmelsrichtungen
kannst du aus den Fenstern sehn
dich überzeugen von des Wassers Hochstand
und dem Handelsgeschehn
mit einem Blick fängst du den Stadtkern ein
hier bist du Mensch
hier darfst du's sein
du edler Turm vom Verfall bedroht
die Stadt hat keinen Groschen
leidet selbst große Not

Drum kommt ihr Bürger
kommt eilt herbei
gebt mit vollen Händen
ob viel – ob wenig ist einerlei
jeder der will kann spenden
gemeinsam sind wir stark
können wir es schaffen
lassen dich im neuen Kleid erstehn
dich den Mutterturm
Kunstwerk Sir Hubert von Herkomers
ihm gebührt Ehre
und uns die Pflicht
zur Erhaltung des Kulturgutes für die Nachwelt
als Wahrzeichen für unsere Stadt
als Touristenattraktion
als Ort zum Verweilen
an dem besondere Strömungen herrschen
für Beschaulichkeit Ruhe und Besinnung

Corinne Haberl

Unterm Stadt-TOR

Am TORbogen zu TORdesillas
Saß TORtellino völlig nass.
Kam TORtellone herangeeilt.
War's TORschluss oder TORheit,
Dass er den Kleinen sofort fraß?

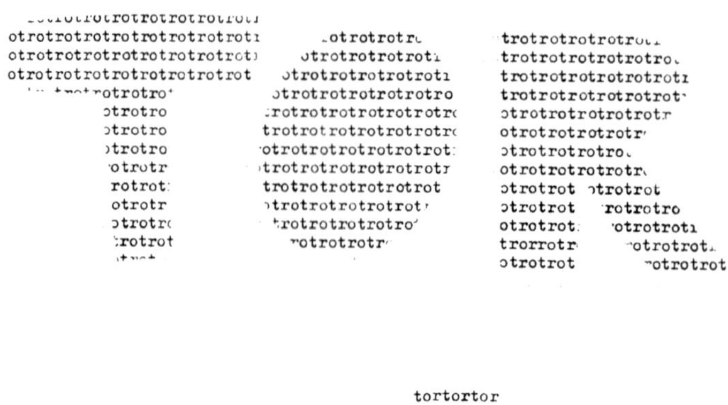

Helmut Glatz: *Drei Toren, das rote Tor betrachtend*

Doris Giebelhausen

Stadtgeflüster

Es war schon dunkel... und ich hatte es eilig... sollte längst schon am Treffpunkt sein. Schnell die Abkürzung durch die Salzgasse! Aber ... was war das? – Merkwürdig... da war so etwas wie ein Zischen... oder Flüstern! Ich blieb stehen.

Da, nun hörte ich es – leise, sehr leise, nur ein Flüstern. – Nun wurde es lauter... deutlich konnte ich es hören: Es waren die *Häuser* – die alten Salzstadel! Die raunten und flüsterten miteinander:

„Weißt scho? So um 1310 is's oganga, die Sach mit'm Salz. Da wurde Landsberg Stapelplatz fürs Salz und durfte Zölle erheben. Und da hams die ersten Salzstadel baut."

„Ja, ja, grad reich san's wordn – de Landsberger mit'm Salz."

„Und am Bayertor, da ham's de Zoll-Stell eigricht. Alles, was von München daherkam, hat durchs Tor müssen. Und d'Bergstraß na."

„Warn das nicht so etwa 3000 Fuhrwerke im Jahr?"

„Jaaa, so um 1627 wurde Zoll für 87.719 Salzscheiben eingehoben. Auf'm Lech san's auch mit Flößen daherkumma und ham Getreide und Wein zum Tausch hergebracht. Der Wein floss reichlich..."

„Bier war damals noch nicht so gefragt?"

„Na, no net! Des kam später. Und, und... am Mühlbach ham's die Schranne gebaut – weil soviel Handelsware da war."

„Hm, ja, ja, hier in Landsberg kreuzten sich doch die Handelswege, und reich war die Stadt! Ach ja, und wir Salzstadel warn bis unters Dach angefüllt mit den begehrten Salzscheiben."

„Jetz ham's uns schön renoviert, aber Salz gibt's nimmer."

„Ha, aber dafür ham's jetzt fast leere Stadtsäckel!"

„Aber jetzt schlaf mer – die guten alten Zeiten kommn nimmer..."

Es war ganz still in der Salzgasse. – Hatte ich das wirklich gehört, das Stadtgeflüster? Morgen geh ich ins Hexenviertel...!

Helmut Glatz

Die Teufelsküche

Dort oben hockt er, der Teufel,
in seinem perlmutternen Gefängnis.
Ein grundloser Teich ist es,
in dessen Oberfläche wir uns spiegeln:
die Bäume, die Blätter, der Himmel
und ich.
Da hockt er unten mit seiner Großmutter,
die Kinder sehen ihn manchmal
und spucken ins Wasser,
und er spuckt zurück.
Teufelswasser, das hinunterrauscht
über das Wehr in die Eisvogelschlucht,
wo die Forellen springen und die Krebse
unter den Steinen hocken und
Lieder singen. Lieder gegen das Vergessen,
von Walter Flex oder Hermann Löns oder Hermann Hesse,
wer weiß. Lieder gegen die Einsamkeit. Unhörbare Lieder,
in das Rauschen des Wassers geflüstert.
Und dann bin ich unten, und der weite See liegt vor mir.
Es ist Sonntagvormittag.
Ich höre die Kirchenglocken läuten.

Thomas Glatz: *Kirchturm*

Max Dietz

Du Goggolore

Da sitzt du frech, und keiner sieht dich spotten,
du ziehst den Hut, feixt in den Bart,
durch Schwarzmagie warst du nicht auszurotten,
bist nicht von jener sterbend Art.

Zum Scherzen muss man dich nicht bitten,
als Kobold teilst du gerne aus!
Doch beim Weber warst du wohlgelitten,
dem brachtest du das Glück ins Haus.

Die Trud im Dorf hätt' dich gern eingesperrt –
ein Erdmann ist ein dienstbar Geist!
Auch Galgenschelmen scheinst du wohl von Wert,
Unziefer komm, es wird zu dreist!
Lass Wirrwarr walten, Mäuse rührn,
über jene lass Entsetzen kommen,
die unentdeckt ihr Unheil schürn,
der Zwietracht Gift soll ihnen frommen! –

Ein hoher Herr im Kirchenrock
hofft auf Täuschung bauernschlauer Schafe. –
Komm, spring und tanz mit deinem Stock,
Pack verdient gerechterweise Strafe!

Wir kennen deinen Namen, Hutzelwicht,
auch wenn du dünkst uns sonderbar –
wirkst zwischen Nebeln, mit des Himmels Licht,
inmitten deiner Geisterschar.
Du Schratzl aus dem Keltenreich,
wohnst in Höhlen hinter Schlehdornhecken,
herrschst über einen Zauberteich
von Tau auf goldenen Spinnwebdecken.

Lang vor der Hochzeit ist dein Garn gespannt,
es bindet fein das junge Glück
der Herzen, alles Elend scheint gebannt,
die Liebe ist dein Meisterstück! –

Und Bosheit dein natürlich Feind!
Die Hex, der Gagler, der bigotte Laff,
sie alle sind im Hass vereint:
„Der Tropf muss weichen flott aus unserm Kaff –
und jeder, der wie er hier hat gefehlt!“
So ward gespalten der Gerechten Hort,
die Schwarze Fahne hat man aufgestellt.
Bald war der Sommerklee verdorrt.

Gottseibeiuns erbarmte sich
und nahm brav seinen wohlverdienten Teil!
Für Christen war's zu schauerlich,
sie suchten lebensbang ihr Seelenheil.

Doch ob zum Einsiedel, ob Andechs gar,
es half kein Bittgang, kein Gebet!
Das Männlein warnt, legt offenbar:
„Ein Tag noch, und dann kommt der Schwed!“
Man sah schon dessen Werke Schein
und drüber schwarz der roten Lohe Qualm –
so blieb die Flucht nur, querfeldein,
und an der Linde klang der letzte Psalm.

Otto J. Stedele

Der Lechrainer Höhlen-Ömel

(eine Seitenlinie der Gattung „Wolpertinger“)

Beim Höhlen-Ömel handelt es sich um einen fast flugunfähigen, breitfüßig parasitären Höhlenhocker. Er lebt in enger Symbiose mit der Gattung Specht, deren Höhlen er nicht nur in der dreimonatigen Mauser gerne aufsucht und somit mit vollem Recht als Höhlenhocker bezeichnet werden kann. Man erkennt die enge Verwandtschaft zum Specht am gespaltenen Hornschnabel, der ebenfalls zum Höhlenbau benutzt wird. Die äußerste Wehrhaftigkeit ist durch das spitz zulaufende Gehörn unschwer erkennbar, das er zur Verteidigung der besetzten Höhlen als gefährliche Distanzwaffe einsetzt. Der Höhlen-Ömel war noch vor geraumer Zeit in den Lechrainer Wäldern sehr häufig anzutreffen. Ja, er wäre fast zur Landplage geworden, wenn man ihn nicht bejagt hätte, denn die Fortpflanzung erfolgt über Eiablage oder Lebendgeburten und ist daher äußerst effektiv. Das hier vorgestellte Exemplar wurde waidmännisch erlegt und für die Nachwelt präpariert. Heute steht der Ömel unter strengem Schutz, und man kann ihn, wenn überhaupt, nur noch bei spätherbstlichem „Sauwetter“ in der Morgendämmerung in Schonungen unter Brombeerbüschen bei der Paarung beobachten; denn im Allgemeinen ist er strikter Einzelgänger und äußerst scheu. Beim hier gezeigten Ömel handelt es sich um ein wahres Prachtexemplar. Der durchschnittliche Höhlen-Ömel ist deutlich kleiner und auch noch so stark getarnt, dass er auch bei Tag kaum auszumachen ist. Er ist, wie schon gesagt, stark parasitär und ernährt sich als Allesfresser von den Nahrungsresten der übrigen Waldbewohner.

Da sich Ömel und Eumel im Aussehen und Artverhalten stark ähneln, wurde, um die enge Verwandtschaft zu verdeutlichen, dem Ömel das Ö an Stelle des Eu beim Eumel von der Wissenschaft zuerkannt. Die Nachsilbe -mel bei Ömel und Eumel ist abgeleitet von der keltoromanischen Vorsilbe Mel-, die sich in der Lechrainer Mundart für Mädchen, „Mella“, wiederfindet und für das Weibliche, Fruchtbare, Kreative und Geheimnisvolle steht; denn schon den Keltoromanen und auch den Lechrainern waren Frauen etwas Unheimliches und nicht mit normalen Maßstäben Messbares. Während die deutsche Literatur sich seit Jahren eingehend mit dem Eumel in Essays und Abhandlungen auseinandersetzt, ist das Ömel bis heute in der Wissenschaft kaum existent.

Um diesen Mangel zu beseitigen, schlage ich vor, dieses Defizit im Rahmen des Autorenkreises aufzuarbeiten und zu vertiefen.

Helmut Glatz

Ammerseekrimi

Der Kormoran, der Mordvogel,
hat den Teich ausgefischt,
hat sich Wasserschlangen
um den Hals gelegt,
mit Ophelias Haar
sein Nest ausgepolstert.
Er schreibt Romane
von der Toten im Schilf,
der Leiche im Schrank,
den Haifischflossen und
der Gänsehaut, die mit den Zähnen klappert.
Da strömen sie herbei
mit der S-Bahn aus München,
die Literaturhungrigen,
seinen Geschichten zu lauschen,
dem Kormoran, dem Mordvogel.

(Oh, ich armer, heimatloser Dichter,
wer streut mir Futter im Winter?)

Max Dietz

Auf meinem Weg zur Schanze

Antiker Wall in Höhe
harrt
zu purem Staunen
lockt
Erfindergeist bergan schwitzt aus
die Sorgen dunkler Nacht
Unruhe Alp er stört nicht mehr
des Herzens Einsamkeit
nachklingt
in mir das Wiegenlied vom Tempel
des Konsums viel Lebenskraft
geopfert fremd auf
des Erfolgs Altar warmgülden
glänzt
ein Ginkgoblatt vom Zufall angeweht
Windmühlen
baut
mein Demiurg
für den Föhn des Wandels

Gerwin Degmair

Stiller Berge Kraft

Erhab'ne Grenzenlosigkeit
stiller Berge Kraft
wie wundersam wirkt sie in mir
wenn alle Sinne mein
wenn Herz und Seele sie
in die Unendlichkeit des Horizonts
voll Ungestüm mir lenkt
mich selig träumen, jubeln zwingt
dass es wie heil'ger Lobgesang
auf Gottes große Schöpfung klingt

Erhab'ne Grenzenlosigkeit
stiller Berge Kraft
oh wundersame Herrlichkeit
welch Zauber süß und schemenhaft

Lore Kienzl: *Bergwelt*

Hans Schütz

seilbahnblues

weiche knie
beklemmung in der brust
und flau der magen
der kloß im hals
lässt keine gespräche zu
an der halteschlaufe
verkrampfen sich die schweißnassen hände
augen zu und hoch
jede ruckende gondelbewegung
ein halber herzstillstand
jede dumme bemerkung
der mitfahrenden
anlass zu mordfantasien
ablenkungsmanöver
durch denksportaufgaben scheitern
das bilderarchiv im hirn
gibt nichts wirkungsvolles preis
doch jetzt: verkehrte welt
jagdfalken erhalten eine kopfhaube
wenn sie am boden sind
warum nicht beim fliegen

endlich oben
endlich augen und türen auf
durchatmen
erste wacklige schritte

belohnung für zehn minuten angst
überwältigende fernsicht
rundum reiht sich alpengipfel an alpengipfel
im augenwinkel aber die bergstation
alternativlos wartet die gondel ins tal

Monika Bayerle

In den Allgäuer Bergen

Bild einer Landschaft

Ich sitze und schaue
über die weichen hügeligen Matten der Alpe.

Auf der gegenüberliegenden Seite ziehen sie sich den Steilhang hinauf, bis schließlich das nackte Gestein aus ihnen emporwächst. Die kleinen braunen Flecken des Weideviehs bewegen sich auf sattem Grün. Auch sie ziehen hinauf bis an die Grenze, wo der Nagelfluh sein grünes Gewand ablegt und sich zu bizarren Gestalten auftürmt. Es sind seltsam zerfledderte Wesen, sie ragen in den Himmel und halten meinen Blick in Bann. Allmählich zerfließen die Konturen, und Gestein und Matten und braune Flecken verschwimmen ineinander zu einem Bild aus Licht und Schatten und Höhen und Tiefen.

Ich fixiere nicht, ich schaue.
Ich sitze und schaue und höre.

Wie aus der Ewigkeit kommend schallt das Glockengeläut der Tiere. Keine einzelne Glocke vernehmbar, aber alle verschmolzen zu einer einzigen Symphonie, erfüllen sie das Tal mit ihrem Klang. Es strömt durch mich hindurch, gleitet über die Alpe und schickt sein Echo die Felswände hinauf. Ein einziger unaufhaltsamer Strom. Da erheben sich Stimmen aus dem raumfüllenden Geläut, glasklar und hell. Die Symphonie trägt die Melodie der Stimmen an mein Ohr, und meine Stimme nimmt sie auf und lässt sich tragen vom hellen Gesang und der Fülle des Glockenschalls.

Ich sitze und höre und singe.
Ich weiß nicht wie lange.

Dann drängt sich ein Gedanke vor, und ich frage: Hörst du sie auch? Dann sing doch mit! Ein paar Augenblicke noch schwebe ich mit ihm, dann verstummt der Engelschor, und ich höre nur noch meine eigene Stimme, nicht ganz so hell und rein.

Ich sitze und schaue
und bin versunken im Bild der Landschaft.

Noch ist es meine Melodie. Auf dem Rückweg singe ich sie immer wieder vor mich hin, um sie eine kleine Zeit für mich zu behalten.

Hans Schütz

Auf der Bleick

Vom freundlichen Forsthaus Unternogg,
wo Könige einst Rast gemacht,
hat mich das Königssträßle bald
ins stille Ammergebirge gebracht.

Stetig geht es nun einen Waldweg hinauf,
am Sauloch vorbei zum Lähnbachhaus.
Dort mach ich den Rucksack zum ersten Mal auf
und pack eine kräftige Brotzeit aus.

Weiter marschier ich nun steil bergan,
dann wieder eben durch ein verzaubertes Moos –
die Nebelstimmung erinnert daran:
Mit alten Geschichten wurden wir groß.

Ein letzter Anstieg, und der Wald weicht zurück,
mit schnellen Schritten schnauf ich hinauf.
Kein Wölkchen am Himmel, zu meinem Glück,
welch herrliches Panorama tut sich nun auf!

Die Allgäuer Berge nach Westen sich ziehn,
und als letzten Gipfel, ganz hinten,
wo Kondensstreifen in die Ferne fliehn,
erkenn ich den spitzschlanken Grünten.

Der Blick sich dann nach Osten wendet
übers Hörnle hinweg und zum Staffelsee
oder nach Norden, wo ein Turm uns das Fernsehen sendet
vom Hohen Peißenberg seiner Höh'.

Und ganz nah an den Bergen liegt die heilige Wies,
der Klepperfilzsee als dunkles Auge daneben. –
Es ist wie ein Abbild vom Paradies!
Wie dankbar bin ich, hier zu leben.

Heidi Kjaer

Herbschd-Hoamad am Hohen Peißenberg

Vor mia breit' se a Landschaft aus,
an Buiderbiachal gleich.
Weit drunt im Dorf, dees oide Haus,
war lang mei Himmelreich.

De ledschdn Rosn san vabliad,
in mia a scheena Draam. –
A oanzigs Vogerl singt no liab
im oidn Apfebaam.

Schwarz-weiße Woikn fliang vorbei,
wia Schifferl auf'm See,
und in da Nosn riach i scho
an Windda und an Schnää.

A koida Oschdwind bloost se auf,
treibt Blattln vor se her.
Weit droom am Bearg, glei bei da Kirch,
bleibts Aussichtsbankal lear.

I soogs eich, Leid, kon's soim need glaam:
Da Somma is vorbei!
Es koo need oiwei Somma sei,
da Windda druckt gaach rei!

A frecha kloana Sonnaschdrahl
valafft se in mei Hearz.
Iazt sans beinand, hob goor koa Wahl,
de Freid und a da Schmearz!

Carmen Kraus

Heimat im Herzen

Was ist Heimat?

Der Platz, von dem ich komme,
derjenige, wo ich glücklich war?
Erinnerung an die Ahnen,
gewachsene Geborgenheit?

Nur *ein* Gefühl zwischen zwei anderen?

Ein Haus, das ich selbst gebaut,
ein Kind, das ich selbst erzogen,
eine Ehe, die ich selbst bewältigt habe?

Ich fühle mich heute
geborgen in meinem Leben
mit dem Wissen um starke Ahnen
und der Hoffnung auf tüchtige Kinder.

Die Heimat im Herzen
ist Nährboden
dieses bescheidenen Glücks.

Adelheid Reßler

Erinnerung

Die Tür ist verschlossen –
nur meine Gedanken treten ein.
War da nicht Mutter?
Saß drüben am Tisch nicht mein Vater?
Und spielten wir nicht mit Puppen im Haus?
Ich klopfe nochmal…
Zwei fremde Augen schauen mich an:
„Nein, dieses Haus gehört uns."

Adelheid Reßler

Heimaterde

Was bedeutet Heimaterde?
Sind wir daraus gemacht?
Hält ein kleines Körnchen Staub
alles in uns wach?

Kehren wir nicht alle wieder
einmal hin ins Erdenreich?
Ob es hier ist oder dort ist,
wäre das nicht alles eins?

Schon vor vielen tausend Jahren
war Heimaterde teures Gut.
Ja, man gab dafür sein Leben,
man bezahlte sie mit Blut.

Doch *die* Zeiten sind vergangen,
wo man's Schwert nahm in die Hand
und in blutig-schweren Kämpfen
verteidigte sein Vaterland.

Heut' für uns, da hat sie andern Wert,
wo man weit der Heimat ist…
Es ist nur ein Fleckchen Erde,
das man aber nie vergisst.

Renate Exsz

Mein Baum!

Mahnmal der Vergangenheit...
Er trägt zwei tiefe Narben –
weit klaffend – für die Ewigkeit.
Heute ist er stark und groß,
voll mit Leben, Blütenkraft.
Beständigkeit – einst klein,
verletzlich, fast zerstört,
gewachsen – meine Hand,
sie spendet Kraft und Mut.
Mein Baum – verbunden
bis in die Unendlichkeit.

Hans Schütz

Trennungsängste

Soll ich mich von Schätzen trennen,
die ich mühsam angehäuft?
Steine, die auf Gipfeln lagen,
angespült am Meeresstrand,
die im Rucksack ich getragen,
tief in wilden Schluchten fand?
Jeden würd' ich wieder kennen,
wenn die Zeit auch lang schon läuft,
seit ich diese edle Fracht
von nah und fern mir mitgebracht.
Sind so zahlreich jetzt geworden,
und mein Garten wird zu klein.
Ja, wohin mit all den Sorten?
Schade ist's um jeden Stein.

Franz Oberhofer

höhlenforscher sitzt in bayern fest

rutschen hinab zu gaias uterus auf knien
gründeln in der höhle tiefem schlund
im riesending kriechen am untersberg
ein ziffernmeer erstickt nun auf den lippen

höhlenärzte kritzeln schwüre an die wand
selbst propheten finden keinen schlüssel
skulpturen hauchen verschämte melodien
steinhart die fontanelle in tausend meter

tiefe zertrümmert fels den schädel nacht zieht
in den knochen splittert in den weichen flitter
bergwächter bauen ein funksystem ein fischernetz
im felsenmeer der tod kommt mit den regengüssen

sagen sie schwillt zum hämatom in den schluchten
des stammhirns kalte wasser fluten die schädelstätte
ihm träumte dass er mehr zum kosmonauten taugte
spürte sich in einer traumstation den planeten

rasend schnell umkreisen sehnt sich nach dem
feuchten höhlenspalt einzig seiner taube rot
hinabgestiegen in das reich der finsternis in
einer trage aufgestiegen held des abendlandes

flimmert auf den kanälen sieben worte reich

Fred Fraas

Vom Fremdsein

Mir ist noch vieles fremd daran:
der Friedhof auf dem Hügel,
das Kirchlein mit dem Wetterhahn,
ein Kreuzlein auf der Zwiebel.

Und Gräber, die nach Osten sehn,
dem Sonnenschein entgegen,
mit Schildern, die verrostet stehn,
und ... viel, viel Spinnenweben.

Und eins ums andre akkurat,
als stünden sie derarten
für eine neue Schlacht parat,
zum Heldentum verraten.

„Er war ein treuer Grenadier."
Der dort „Husar" gewesen.
Ein „Lieutenant" ruhte auch hier –
vergraben und vergessen.

Und lies sie so der Reihe nach,
gedenke ihrer Lieben,
als es die Herzen jener brach,
dass sie im Feld geblieben.

Die alten Männer, nahebei,
verwischen ihre Tränen:
Sie stehen Acht, in Glied und Reih. –
Gut, einer muss auch gähnen.

Das „Schlachterfeld!",
nicht weit von hier.
Und gegen kleines Spendengeld
gibt es dort Wurst und ... warmes Bier.

Der Tag ... war reich!
An Sehenswertem wie an Nächstenliebe.
Doch auch daran – wie sagt man gleich? –
daran: man wird schnell müde.

Ein Reiseleiter betet noch:
„Mein lieber Himmelvater...“,
von hinten übertönt jedoch
von junger Leut’ Geschnatter.

Woran man sich erinnern kann,
und wem sei was geblieben?
Der Jugend wird es fremd daran.
Sie ... suchen neu zu siegen!

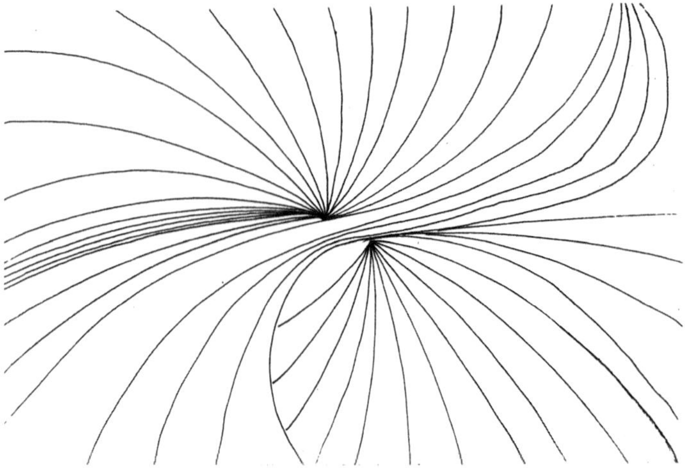

Günter Bohn: *Trennung*

Klaus Wuchner

Der Sohn meines Freundes

Der Sohn meines Freundes
hat ein Haus
in Schottland am Meer.
Oft findet er dort
das Leben recht schwer.
Wenn früh schon am Tag
Nebel und Regen
durch Dunkelheit
Land und Meer beschweren,
wenn dann monoton
die Brecher ans Ufer schlagen,
mag keiner mehr
an das Ufer sich wagen.
Wenn dann noch
der entfernte Nachbar
seinen Dudelsack quält,
fühlt man sich wie verloren
auf dieser Welt.
Dann hilft nur noch ein Scotch,
doch die Leier hört dennoch nicht auf,
sie bohrt sich ins Hirn,
bis die Ohnmacht verhindert den Wahn.

Klaus Köhler

Heimkehr einer Tochter

Es war nicht zu erwarten, aber rechtzeitig vor dem Beginn der Reise war sie eingetroffen: die Einreisegenehmigung in die DDR. Nach Dresden sollte die Reise führen für die Jungvermählten, die mit gemischten Gefühlen dem Tag der Abreise entgegensahen. –

Er, der Holsteiner, der in einem Heim für Schulabgänger arbeitete, in dem die Jungen in einem Jahr zur Berufsreife geführt wurden. Sie, die Modegrafikerin, die in der Werbeabteilung einer Schokoladenfabrik arbeitete, war nach einem zweijährigen Studienaufenthalt in Schweden, wohin sie recht problemlos aus der DDR ausreisen konnte, nach Schleswig-Holstein gekommen.

1960 hatten sie sich zum ersten Mal in einem kleinen holsteinischen Luftkurort auf einer Tanzveranstaltung im Karneval getroffen. Nicht alle waren kostümiert und maskiert, auch er nicht. Die Regel war an dem Abend, dass zu jedem dritten Tanz Damenwahl angekündigt wurde. Er war mit zwei Freunden zu der Veranstaltung gegangen. Weil er auswärts einen Berufsschullehrgang besuchen musste, hatte er einen Tanzkurs nach wenigen Abenden abbrechen müssen. Deswegen war er etwas zurückhaltend, eine junge Dame zum Tanz zu bitten.

Da geschah es! Ein maskiertes Mädchen forderte ihn zu einem Tanz auf. Weil er wusste, dass es sich nicht schickte, einen Tanz zu verweigern, tanzte er mit der Maskierten. Sie harmonierten sehr gut; und mehrmals holte er sie noch zu folgenden Tänzen. Als später, gegen Mitternacht, die Demaskierung alle vorher verborgenen Gesichter sichtbar machte, konnte er seiner Tanzpartnerin erstmals ins Gesicht schauen, und er wusste, dass er sie wiedersehen wollte. Weil sie einige Tage im Dorf Urlaub machte, war das gut möglich.

Später traf man sich mal hier, mal dort. Recht bald wurde aus der Liebschaft eine Ehe. Im Sommer fand die Hochzeit statt. Von der Braut kamen als Verwandte deren Schwester mit ihrem Mann aus Hannover zur Hochzeit. Von seiner Seite kamen die Eltern; seine Schwester und ein Freund als Trauzeuge vervollständigten die kleine Hochzeitsgesellschaft.

Viel Geld hatten beide nicht. Sie wohnten in der folgenden Zeit weiter getrennt; er in seinem Zimmer im Förderheim und sie in ihrem möblierten Zimmer im dreißig Kilometer entfernten Bad Segeberg. An einigen Wochenenden traf man sich, wieder mal hier, mal dort.

Im Herbst war es soweit: sie war schwanger. Nun musste Vieles geregelt werden. Wohnen war in seinem kleinen Elternhaus nicht möglich. Die Wohnungssuche begann. Wie ein Wunder kam die Lösung! Sein Arbeitgeber, das kirchliche Jugendaufbauwerk, hatte eine Wohnung in der nahen Kreisstadt Plön zum Januar frei und bot sie dem jungen Paar zur Miete an. Das war wie Weihnachten! –

Zwei Tage vor Weihnachten begann die Reise zur Verwandtschaft in Dresden. Mehrmals musste umgestiegen werden, bis sie endlich im Interzonenzug saßen. Der brachte sie zunächst bis Leipzig, wo es noch lange dauerte bis zur Abfahrt des Zuges nach Dresden. Der riesige Wartesaal im Leipziger Hauptbahnhof war fast voll besetzt. Aus Gesprächsfetzen von Nachbartischen konnte man entnehmen, dass fast alle diese Leute aus dem Westen zu Besuch gekommen waren.

Die Fahrt nach Dresden war vergleichsweise kurz; durch die Aufregung und Erwartung schien sie jedoch endlos zu werden. Am Dresdener Hauptbahnhof warteten die Eltern der jungen Frau bereits ungeduldig, denn der Zug hätte viel früher eintreffen sollen. Nach einer tränenreichen Begrüßung und vielen Fragen und Antworten fuhr man in dem Auto des Vaters zur Wohnung der Familie, wo weitere Verwandte den Besuch erwarteten. Nach dem nun folgenden Begrüßungstrubel konnte sich das noch unbekannte neue Familienmitglied den Fragen der Anwesenden stellen. Schon bald hatte der Holsteiner den Eindruck, dass er vielleicht verborgene Vorbehalte entkräftet hatte. Man hatte ja schon vorher brieflichen Kontakt gehabt. Es war sehr spät, als die Reisenden endlich in ihr Bett gehen konnten und nach dem aufregenden Tag in tiefen, erholsamen Schlaf fielen.

Am nächsten Tag, es war der Heilige Abend, kamen weitere Besucher aus der Verwandtschaft und Bekanntschaft, um die jahrelang Vermisste und natürlich auch ihren Ehemann zu begrüßen und kennenzulernen. Nach so vielen Jahren war man wieder vereint! Doch in den Becher der Freude fiel ein Wermutstropfen: Die ältere Schwester der jungen Frau hatte keine Einreisegenehmigung erhalten, weil sie die DDR illegal verlassen hatte. Es war die Schwester, die in Hannover verheiratet war.

Bei all der Freude konnten die eingereisten Eheleute irgendwie spüren, dass man bestimmte Themen zur Politik sehr zurückhaltend zur Sprache brachte. Der Freund der jüngeren Schwester machte versteckte Andeutungen über ein Vorhaben, das in Planung war. Erst viel später erfuhr man, dass beide beteiligt waren an Fluchtvorbereitungen für Personen aus ihrem Freundeskreis.

Sie ließen es sich nicht anmerken, so glaubten sie, die Eltern der heimgekehrten Tochter, aber man konnte schon spüren, dass sie endlich sehen wollten, was man ihnen aus dem Westen mitgebracht hatte. Diesmal keine Geschenke in Postpaketen, sondern persönlich Gebrachtes. Der Vater war ganz scharf auf eine bestimmte Marke von Rasiercreme aus der Tube. Er erzählte mit verlegenem Schmunzeln, dass er diese Rasiercreme beim ersten Mal nicht zum Einschäumen vor dem Rasieren verwendet hatte, sondern sich nach dem Rasieren das Gesicht damit eincremen wollte und sich wunderte, wie sehr die Creme schäumte. Die Mutter und die jüngere Schwester wollten natürlich die begehrten Perlonstrümpfe, von denen mehrere Paare im Gepäck mitgebracht worden waren.

Man beschloss, diese Mitbringsel auszupacken und später zu den Geschenken unter den Weihnachtsbaum zu legen. In der DDR war es nicht einfach, einen Weihnachtsbaum zu bekommen, weil es dort kein Weihnachten im hergebrachten Sinn geben durfte. Aber der Tischlermeister hatte Beziehungen und konnte nicht nur einen Christbaum besorgen, sondern auch einen Stallhasen für den Festtagsbraten. In der Küche wurde eifrig gewerkelt; denn es gab viel zu tun, um das Festessen zu bereiten.

Und etwas ganz Besonderes gehörte in Dresden zum Weihnachtsfest: der Dresdener Christstollen. Der war schon in mehrfacher Ausfertigung gebacken worden; denn einen musste das junge Paar unbedingt mit nach Hause nehmen. Nach Hause? Das musste erst noch geschaffen werden. Die Grundlage war schon vorhanden mit der Wohnung, die im Januar bezogen werden konnte. Aber womit einziehen? Wäre der Tischlermeister nicht im Osten gewesen, hätte er bestimmt etwas zum Hausrat beisteuern können. Aber so?

Natürlich durfte als weihnachtliches Mitbringsel die Schokolade nicht fehlen. Marzipan gehörte auch zu den Leckereien.

Schön war der Tannenbaum. Zu der Zeit gab es keinen Weihnachtsbaum, der nicht mit Lametta und Goldgirlanden geschmückt gewesen wäre. Kerzen gehörten genauso dazu wie die aus dem nahen Erzgebirge kommenden Holzfigürchen.

Das weihnachtliche Festessen war für alle ein Genuss. Es blieb nicht aus, dass man von weit zurückliegenden Weihnachten sprach, von den Freuden der Kinder über den Kerzenschein, aber besonders über die Geschenke, auch wenn sie nicht immer den Wunschzetteln entsprachen. Überraschungen waren ja auch sehr willkommen.

Die Bescherung wurde für den späten Nachmittag vorgesehen. Zuvor gab es noch Kaffee und Kuchen. Kuchen? Nein! Es war der wundervolle Stollen, den der Holsteiner bisher nicht gekannt hatte, ihn aber zur Freude der Hausfrau sichtlich genoss. Wieder erzählte man sich von früher, als alles nicht so kompliziert war. Da gingen manche Meinungen schon mal auseinander. Aber alle waren sich einig darin, dass man das Heute so nehmen sollte, wie es war, und daraus das Beste machen müsste.

Der Hausherr hatte sich zeitig aus dem Kreis der Kaffeetrinker verzogen und sich zu geheimnisvollem Tun ins Wohnzimmer begeben. Er hatte die Geschenke schön unter dem Weihnachtsbaum angeordnet und die Kerzen angezündet. Bald ertönte der Silberklang eines Glöckchens zum Zeichen der beginnenden Bescherung. Weil alle nun erwachsen waren, stürmten sie nicht wie früher als Kinder in die Stube, sondern betraten äußerlich ruhig, aber innerlich leicht aufgeregt das Zimmer. Man sang zuerst zwei Weihnachtslieder: „Stille Nacht“ und „O, du fröhliche“.

Die Päckchen trugen die Namen der Beschenkten; und so gab es kein Herumrätseln, wem wohl was zugedacht war. Das junge Ehepaar aus dem Westen fand auch seinen Namen an mehreren Geschenken, die eingepackt waren. Aber auch an einem nicht verpackten Gegenstand standen ihre Namen. Es war ein Kinderwagen! Bei genauerem Hinsehen waren es sogar zwei. Auf einem Fahrgestell war ein geschlossener Wagen befestigt. Man konnte aber mit wenigen Handgriffen den „Säuglingsbehälter“ vom Gestell lösen und eine sogenannte „Sportkarre“ darauf befestigen. War das eine Überraschung! Die Eltern der werdenden Mutter hatten ihre Freude an dem Staunen der beiden aus dem Westen. In dem Wagen lagen noch ein Packen Windeln und ein Bündel Moltontücher.

Es dauerte eine Weile, bis jeder seine Geschenke ausgepackt hatte. Manch eine(r) freute sich ganz still über das Zugedachte, andere brachen gar in Freudenrufe aus. Jeder beschäftigte sich jetzt mit seinen Geschenken. Manchmal musste der Schenker etwas zum Gebrauch eines Geschenkes erklären.

Am Abendbrottisch sah man nur glänzende Augen. Dann war auf einmal dieser Ausspruch da. Er kam von der Mutter. Sie sagte mit tränenerstickter Stimme: „Das ist mein schönstes Weihnachten!“ Zunächst schwiegen alle anderen, bis einer nach dem anderen ihr zustimmte.

Der folgende Tag war ein Tag der Ernüchterung. Alle Besucher aus dem Westen hatten einer Einladung in den Sitzungssaal des „VEB Eisenbahnwerke“ zu folgen. Die jungen Eheleute wurden von der Mutter/Schwiegermutter begleitet. Sie mussten sich einen Vortrag über die Leistungsfähigkeit der Volkswirtschaft, im Besonderen dieses Werkes anhören. Man wollte danach Fragen der Anwesenden beantworten. Der nun in die Familie aufgenommene Schwiegersohn wollte sich zu Wort melden, um eine Frage zu stellen. Doch das verhinderte die Schwiegermutter rechtzeitig. Sie sagte: „Sei ja ruhig. Wenn das denen nicht passt, fällt es auf uns zurück.“ Das konnte die Begleitung eines Hamburger Kaufmanns offenbar nicht verhindern, denn er fragte, warum die Bahn in der DDR immer noch „Deutsche Reichsbahn“ heißt. Das löste in der Versammlung heftiges Gemurmel aus. Der Leiter der Veranstaltung hatte Mühe, eine plausible Erklärung abzugeben. Die Begleitung des frechen Hamburgers machte einen fast verzweifelten Eindruck. Manche ahnten wohl, was auf die Gastgeber zukommen würde.

Am folgenden Tag fuhren sie zu viert mit dem Auto nach Bad Schandau, wo man in einem Restaurant zu Mittag essen wollte. Dort mussten sie eine Weile herumstehen, bis eine Bedienung sie an einen nun frei gewordenen Tisch befahl. Ja, befahl! So wurde also hierzulande mit den Gästen umgegangen. Die Einheimischen störten sich nicht mehr daran. Aber die aus dem Westen waren etwas anderes gewohnt. Na, so was! Es war dann ein entspanntes Essen, bis man nach dem letzten

Bissen und der Bezahlung zum Verlassen des Tisches aufgefordert, um nicht zu sagen, befohlen wurde.

Nach zwei weiteren Tagen des Aufenthaltes musste Abschied genommen werden. Es gab wieder Tränen. Der neue Schwiegersohn fühlte sich gut angenommen. Das war gut so, denn er gehörte ja nun zur Familie. Die Rückreise war mitsamt dem Kinderwagen zwar etwas umständlich, wurde aber gut bewältigt.

Die junge Frau sprach während der Bahnfahrt noch einmal diesen schon mehrfach gehörten Satz aus: „Das war mein schönstes Weihnachten!“ Ihr Mann hatte nichts dagegen zu erwidern, denn er war der gleichen Meinung.

Nun begann für das junge Paar eine anstrengende Zeit. Das ist aber eine andere Geschichte.

Ida Rittner

Da Bayer und da Preiß

Die Bayern und die Preißn
san vo jeher a bsondas Gschbann:
Die Bayern san recht gmüadle,
die Preißn vül zu schdramm.

Da Bayer sagt: „Döi Preißn –
döi san ma vül zu gscheit.
Döi kinna blos recht aagem –
san aa koi anda Leit!

Döi wissn allas bessa –
naou ihra Aasdrucksweis.
Dass a Bayer a niad dümma is –
des woiß doch jeder Preiß.“

Thomas Glatz

Wenn das alte Tor erzählen könnte

Klosterlurchfeld kam zwar an Bedeutung der Bezirkshauptstadt nicht gleich, jedoch hatte es zahlreiche Attraktionen: ein Kloster, ein altes Tor, eine Burg, einen Großraumspielsalon, einen Hühnermastbetrieb und zahlreiche Fruchtsaftbetriebe. Es gab sogar einen Burggarten, den bereits ein Wanderhumanist des 16. Jahrhunderts, Gottlob Lobesam, als „lauschig" bezeichnet hat. Einheimische verbinden diesen Ort vor allem mit einer Pilgerstätte für Verliebte, die es hierher zieht, um unter blühenden Kirschbäumen Händchen zu halten oder ihre Liebe unter der Statue des Dichters M. Hiklmnops mit einem Kuss zu besiegeln.

Durch Klosterlurchfeld führen zahlreiche Rad-, Fern- und Panoramawanderwege sowie die Themengeschichtspfade „Henker und Huren", „Salz" und „Fruchtsaftbetriebe einst und heute".

Klosterlurchfeld hat ein schönes Stadttor mit Turmengel, Wetterfahne und einer Heiligenstatue in einer Nische. Die Attribute Stab und Buch lassen nicht eindeutig erkennen, um welchen Heiligen es sich handelt. Aufzeichnungen gibt es keine mehr. Deshalb sagen die Klosterlurchfelder zu der Figur „der Heilige Dings". Erkennt man am Kirchturm den Heiligen, nach dem das Gotteshaus benannt ist? Das wäre praktisch. Weit gefehlt. Der „Heilige Dings" ist allerdings überregional bekannt und das Dingstor ein Wahrzeichen.

Wenn das alte Dingstor erzählen könnte, anstatt nur so am Anger dazustehen und zu gähnen, dann würde es von der alten Zeit erzählen. Es würde nicht nur erzählen, wie die schwarze Beulenpest in den Ort kam, sondern auch manche Fuhre Salz, Bempf, Holz und Schmalz. Begeistert würde das Dingstor vom legendären Faschingsumzug 1901 erzählen. Gewiss hatte es zahllose Faschingsumzüge gesehen. Aber der von 1901 war eindeutig der schönste. Ach, das war damals überhaupt eine schöne Zeit! Ein einziges Grüßen, Hutlupfen und Taschentuchschwenken war das damals! Man lupfte den Zylinder, wenn eine Autodroschke hupte. Man lupfte seinen Hut, wenn der Oberamtsrat vorbeiging. Der lupfte seinerseits den Hut. Man schwenkte Hüte, streute Blumen und trug Kostüme zu historischen Anlässen.

Mit einer Klappschere, der Nürnberger Schere, wurden Programmzettel an die Schaulustigen verteilt, die aus ihren Fenstern schauten. Der Faschingsumzug 1901 wurde von einem Kunstreiter, Honorius Griesinger, in einer Pferdeattrappe, bei der der Maskierte Pferd und Reiter gleichermaßen verkörperte, angeführt. Der Bürgermeister Peter Hindelang, unser aller durchlauchtigster Stadtoberer, schon besoffen wie eine Tempelkröte, lief neben der Pferdeattrappe im Stechschritt. Dann kam die Turnerfeuerwehr mit ihrer Standarte. Der folgten zahlreiche Kränzelsjungfern, dann die Dreihostienbruderschaft, der Dilettantenverein und die „drastisch-elastischen Witzmacherg'sellen". Ein Kraftmensch, der Kanonen auf seinen Nasenflügeln balancieren konnte, war bis aus Uresing gekommen und zeigte seine Kunst. Er konnte auch Eisenketten mit den Zähnen zerbeißen wie die Kaffeemamsell das knusprige Haselnussgebäck. So wurde er, das nur nebenbei, zum Schwarm zahlloser verheirateter Frauen und Nachtmädchen und pflegte immer in Lokalen herumzubummeln. Auf den Kraftmensch folgten zahlreiche Wagen und Fußgruppen.

Den Höhepunkt des Umzugs stellte ein Narrenschiff auf Kufen dar. Portraits weltberühmter, berüchtigter Straßenräuber, Diebe und Mörder, die durch Berührung mit dem magischen Pinsel zum Leben erweckt wurden und sprechen konnten, waren der Faschingsknaller. Besen flogen von alleine. Menschen flogen durch die Luft und verschwanden dann wieder in unsichtbaren Flaschen. Ein weitgehend entmaterialisierter und zur Idee gewordener Lindwurm kroch durch die Gassen. Sobald der Zug den Festplatz erreicht hatte, wurde ein Fass Fassbier angestochen. Die Wurst briet, die Fahnen wehten. Festwiesenzauber. Das erste Fass wurde angezapft. „Izapft os." „Ozipft as." „Ozapft is." Beim dritten Versuch gelang es.

Nein, da täuschte sich das alte Dingstor. Diesen Spruch hat der Münchner Oberbürgermeister Wimmer erst in den 1960er Jahren erfunden. Angezapft wurde um 1901 natürlich schon, aber nicht vom Bürgermeister, sondern vom Schankwirt Schönholz. Die Schönholzens waren eine alteingesessene Familie aus der Klosterlurchfelder Blatterngasse.

Böllerküsse knallten durch die Stadt. Zwei aufgeschreckte Vögel flogen. Die Erde plumpste zum Fenster herein. Drei aufgeschreckte Vögel flogen. Bäume brachen. Wasser spie. Vier aufgeschreckte Vögel flogen.

Der Fluss verschluckte alles. Die Erde. Das Unerklärliche, Bedrohliche brach in die Wirklichkeit ein. Energiewirbel, Risse im Raum-Zeit-Kontinuum, Tentakel, das namenlose Böse, noch mehr Tentakel, der Sirenengesang vampirischer Blumenfrauen. Alle dachten irgendwie, die Welt geht unter.

Das alte Tor dachte das auch.

Aber das war nicht so. Die Leute hatten nur zu viel gezecht und sind anderntags mit Haarweh aufgewacht.

Marianne Porsche-Rohrer

Bärwurz

Ob Bärwurz, Blutwurz, Tormentill,
Wie man's auch immer nennen will:
Die Wurzeln haben Heilungskraft
Beim Defizit von Magensaft.

Mit reichlich Gerb- und Bitterstoffen
Kann schnelle Wohltat man erhoffen.
Der magen-därmliche Infekt
Wird unverzüglich abgeschreckt.

Als erste Hilfe wirkt er bald.
Der Bärwurz aus dem Bayerwald
Ist, alkoholisch aufbereitet,
In diesem Landstrich sehr verbreitet.

Der Niederbayer schätzt daher
Als Arztersatz das Wirtshaus sehr.

Menschen

Günter Bohn: *Empfängnis*

Ein Mensch wirkt auf Andere durch jene geheimnisvolle Kraft, welche mit deren Hinwendung zu ihm erzeugt wird. (MD)

Günter Bohn

Erdenbürger

Erde, Feuer, Wasser, Luft –
und vielleicht noch einen Duft?
Brot und Spiele?
Fürs Menschsein fällt mir da noch ein:
Licht, Liebe und ein Nächster –
sonst wäre man ja ganz allein!

Heidenore Glatz

Nette Begegnungen

Ein freundliches Lächeln
ein offener Blick
ein gutes Wort
ein ehrliches Gespräch
Klarheit
Gemeinsamkeiten entdecken
Freude
Gedanken austauschen
Verständnis
gut gemeinte Wünsche vermitteln
Dankbarkeit
mit dem Gegenüber
im Geiste verschmelzen
Eins sein
Zeit zum Zuhören und Erzählen
Innehalten
Zeit für dich und für mich
für den Moment
für diesen einen Moment

Hannelore Warreyn

Begegnung

Wir sind uns begegnet
unsere Blicke trafen sich
es gab ein
Lächeln das sich zu
Lachen ausweitete

Wir sind eine lange Strecke gegangen

So oft ich dich besuche
werde ich dich wieder verlassen
so oft ich dich finde
werde ich dich verlieren

Und doch möchte ich
dich festhalten
eine kurze Ewigkeit

Carmen Kraus

Kleine Welten

Meine Wahrheit
ist nicht deine.
Jeder hat seine
kleine Welt.
Sie überschneidet
sich mit deiner
und seiner –
und ist doch allein
auf sich gestellt.

Helmut Glatz

Zum Anfang deiner Wanderung

Zum Anfang deiner Wanderung lern dieses: Einsamsein.
Geh in die Stille, fürchte nicht das Schweigen!
Bist du bei dir, so bist du schon allein.
Du schweigst mit dir. Und aus der Stille steigen

Stimmen, aus dem Grund der Dinge (diesen
reglosen Kulissen deiner Fahrt),
wie das Rauschen, wie das Flüstern, das im Fließen
der Brunnen liegt und Quellen: hell und zart.

Zum Anfang deiner Wanderung (zum Ende
haucht stumm dein Mund den Dingen Leben ein,
auf denen leise ruhen deine Hände),
zum Anfang lerne dieses: Einsamsein.

Ida Rittner

Einsamkeit

Mancher fühlt sich alleine gelassen,
wenn er den Weg seines Lebens geht.
Er wartet auf einen Menschen,
der ihn begleitet und zu ihm steht.

Freud und Leid gemeinsam tragen,
dies ist, was dem höchsten Glück entschwebt,
ob in jungen und auch alten Tagen,
ja – dann hätte man gelebt.

Max Dietz

Fast ein Stammtischdialog

Zustimmung fordernd
stierst du mich an
Mein Nicken dient dem Frieden

Gemütlichkeit überdacht
nicht die Unterschiede
im Fundament unserer Denkgebäude

Seit der Schaum im Glas zerfällt
Bläschen für Bläschen
trennt sich unser gemeinsamer Weg

Nach innen gekehrt
betrachtest auch du
den gerissenen Faden

Nur weil beide einsam
Vergebung suchen
sind wir noch lange nicht Freunde

Günter Bohn

Ego

Es ist schon auch mal schön
sich bekleidet anzusehn.
Doch während ich ahnungslos dies niederschreibe –
es wäre ja gelacht! –
haben sich – oh höre und staune! – unbekleidete Gedanken
in mir breitgemacht!

Lore Kienzl

frühsommer – stürm

heftig hat der wind getobt
stürmisch warst auch du
junge kraft zerzaustes haar
türen schlugen zu

seine worte messerscharf
trafen tief ins herz
trotzig wild und ohne ruh
ging's rasend höllewärts

plötzlich schwamm in ihrem blick –
er konnt's nicht verstehn –
tränenreich –
doch schon entfernt –
erinnerung und glück

sonnenfarben leuchtend rot
gelb und helles blau
wilder honig tropft vom baum
lass ihn ziehn! –
genau –

sommer ist's, das leben jung
bleib du nur zurück
sie wird warten bis es kommt
vielleicht
das große glück

Heidi Kjaer

Wortlos

Er hatte sich bereits verabschiedet. Doch dann drehte er sich noch einmal um und sah ihr fragend ins Gesicht. Sie hatte insgeheim gehofft, dass er noch einmal ein freundliches Wort an sie richten würde. Doch er sah ihr nur wortlos ins Gesicht.

Schweigend standen sie da. – Weit entfernt ein Martinshorn. Unten, vor dem Haus, lärmten Kinder.

„Sag doch etwas! Wollen wir wirklich so wortlos auseinandergehen?" Sie hörte sich selbst diesen Satz sprechen. Doch es war nicht das, was sie eigentlich sagen wollte.

In diesem Moment runzelte er die Stirn. Seine Lippen formten Worte, die nicht zu hören waren. Verlegen strich er sich mit der Hand die Haarlocke aus der Stirn – eine Geste, die sie so sehr an ihm geliebt hatte.

Mit flatternden Augenlidern sah er an ihr vorbei, und fast wie zu sich selbst sagte er stockend: „Wir müssen jetzt stark bleiben."

Zögerlich wagte sie einen Schritt auf ihn zu. „Wieso stark bleiben? Das sagst ausgerechnet du? Mach dir doch nichts vor! Das ist nicht dein wahres Ich, das wissen wir beide. Zeig doch einmal im Leben deine Gefühle!"

„Wie immer kann ich dir nur zustimmen", erwiderte er fast ergänzend. „Du kennst mich besser, als ich mich selbst kenne."

Wieder standen sie sich nur stumm gegenüber. Es war wohl alles gesagt. Worte, die früher so leicht über die Lippen kamen, hingen ungesagt im Raum, keiner sprach sie aus. Diese ganz besonderen Worte, sie waren einfach im Laufe der Zeit verloren gegangen.

„Sehen wir uns mal wieder?", fragte sie noch, als er sich bereits zum Gehen umwandte.

Leise, ohne sie dabei anzusehen, ging er. Sie hörte noch die Tür ins Schloss fallen. Dann war sie allein.

So wie immer, wenn er sich verabschiedet hatte, ging sie zum Fenster, sah hinunter zur Straße. Gleich würde er aus der Haustür treten, sich noch einmal winkend umdrehen, um dann im Sog der hastenden Menschen unterzutauchen.

Heidenore Glatz

Die Frau mit dem Hund

Eiligen Schrittes haste ich, mit den Gedanken schon beim nächsten Termin, durch die Fußgängerzone. An mir laufen andere Menschen, wohl auch unter Zeitdruck, vorbei.

Auf der Straße herrscht ziemlich viel Unruhe, kaum jemand schlendert einfach nur gemütlich ... oder empfinde ich das nur so, weil *ich* gerade keine Zeit habe?

Da sehe ich sie. Die Frau mit dem Hund. Versonnen, im Einklang mit sich selbst, spielt sie auf der alten Blockflöte. Es passt nicht ins Bild, die Frau, die ruhige Musik, und überhaupt... Gehetzt trotte ich an ihr vorbei.

Plötzlich bleibe ich stehen.

Kehre um.

Lausche.

Ganz ruhige Flötentöne, untermalt mit meditativen Klängen aus einem Lautsprecher, stimmen mich etwas nachdenklich.

Wieso bin ich stehen geblieben?

Was hat mich dazu bewogen umzukehren?

Ich frage mich: Wie viele Menschen laufen, so wie ich, an ihr vorbei? Wer nimmt sich denn heutzutage noch die Zeit zum Anhalten? Zeit zum Zuhören... Sich treiben lassen?

Wie viele Eilige nehmen die Frau überhaupt wahr?

Mich hat sie mit ihren Melodien berührt, mich für einen Moment wachgerüttelt aus meinem hektischen Alltag.

Ich bin stehen geblieben, habe angehalten im Jetzt. Ich habe bewusst auf ihr Aussehen, ihre Kleidung, ihren alten Sessel und den weißen Zottelhund auf der bunten Wolldecke geachtet.

Nur ein paar Minuten. Ein paar Minuten der Umkehr, der Stille.

Und es tat gut.

Boris Schneider

Das Mädchen mit den schneeweißen Pillen

(nach einem Märchen von Hans Christian Andersen)

Es war entsetzlich kalt. Es schneite und der Abend dunkelte bereits. Der letzte Abend im Jahr, Silvester. Durch Schneematsch und Finsternis stolperte ein Schemen über den Gehsteig im Bahnhofsviertel. Eine Straßenlampe flirrte und warf ihr flackerndes Licht auf eine kleine Gestalt. Das Mädchen sah älter aus, als es war, sollte älter aussehen. Aber wenn man näher herantrat und den Blick von verschmiertem Make-up und Schminke direkt in die klaren blauen Augen der jungen Frau richtete, sah man Jugend. Jugend und Angst.

Die Flocken prallten von ihrem blauen Lackkleid ab, glitten an den dunklen Netzstrümpfen hinab, wirbelten um die Laufmaschen, die sich von den nackten Füßen die wohlgeformten Waden hinaufzogen. Ihr war ein Absatz abgebrochen, als sie vor einer Eiswasserfontäne zurückspringen musste. Als der dicke Benz langsamer geworden war, hatte sie für einen kurzen Augenblick eine Mischung aus Hoffnung und Abscheu verspürt. Aus dem Inneren hatte das feiste Gesicht eines Anzugträgers sie angestarrt. Im letzten Moment hatte dieser wieder beschleunigt. Noch härter als das eisige Schmutzwasser hatte sie das Entsetzen im Blick des Mannes getroffen. Danach war das Mädchen einige Zeit ziellos herumgehinkt. Irgendwann hatte es die Pumps nach einer Ratte geschmissen – sollte die ihrer Brut doch ein Nest darin bauen.

Da ging nun die junge Frau auf nackten zierlichen Füßen, die vor Kälte ganz rot und blau waren. In ihrer Handtasche trug sie eine Menge schneeweißer Tabletten für die Freier mit den besonderen Ansprüchen. Während des ganzen Tages hatte niemand sie gekauft, weder ohne noch mit Tabletten. Hungrig und zitternd vor Kälte schleppte sie sich weiter. Sie hatte keine Ahnung mehr, wo sie sich befand: irgendein gutbürgerliches Wohngebiet, weiß verschneite Vorgärten, Schneemänner mit Kastanienaugen und bunten Eimern auf den Köpfen. Schneeflocken fielen auf ihr langes blondes Haar, das in feuchten Strähnen ihren Nacken hinabfloss. Ihr Aussehen war ihr mittlerweile völlig egal. Aus allen Fenstern strahlten Kerzen, Lichterketten glitzerten an Hauswänden und Bäumen. Der verführerische Duft von gebratenem Fleisch sickerte durch Fenster- und Türritzen. Es war ja Silvesterabend. Dieser Gedanke füllte mit einem Mal alle Sinne des Mädchens.

In einem Winkel zwischen zwei Häusern, von denen das eine etwas weiter in die Straße vorsprang, kauerte es sich nieder. Seine Beine hatte es unter sich gezogen, aber es fror nur noch mehr. Trotzdem wagte es nicht, nach Hause zu gehen. Es hatte noch nicht einmal einen müden Euro verdient. Igor würde das gar nicht gefallen. Wer wusste schon, was er ihr diesmal antun würde, seine Fantasie diesbezüglich schien grenzenlos. Die junge Frau krümmte sich in Erinnerung an vergangene Torturen.

Ach, wie gut würde jetzt eine der Pillen tun. Wenn sie nur eine einzige nehmen würde. Ob er sie abgezählt hatte? Mit tauben Fingern kramte sie in der Handtasche. Sie zog das Döschen hervor. Schluck, fuhr es die Kehle hinab und brannte. Eine wohlige Wärme breitete sich in ihrem Magen aus. Es war eine merkwürdige Wärme, es kam dem Mädchen vor, als säße es vor einem offenen Kamin, das Feuer flackerte und wärmte so wohltuend. Es streckte schon die Füße aus, um auch diese zu wärmen – da war es vorbei. Der Kamin verschwand – es saß mit einem eisigen Metalldöschen in der Hand da.

Eine neue Tablette wurde geschluckt. Es brannte, es wärmte und die Mauer wurde an der Stelle, auf die das Mädchen starrte, durchsichtig. Es blickte geradewegs ins Esszimmer. Der Tisch war prall gefüllt mit Köstlichkeiten. Fleisch brutzelte in Raclette-Pfännchen. Schüsseln mit Kartoffeln, Mais, Paprika, Pilzen, Teller mit Käse und Wurst sah es. Wie von Zauberhand schwebten die Pfännchen genau auf das Mädchen zu. Dann endete es abrupt, und nur die dicke kalte Mauer war zu sehen.

Es schluckte eine neue Pille. Da saß es unter dem herrlichsten Weihnachtsbaum, er war noch größer und noch beeindruckender geschmückt als der, den es dieser Tage im Eingangsbereich der Bank durch die Glasfront gesehen hatte. Tausende von Lichtern brannten auf den grünen Zweigen. Fein ziselierte Porzellanengel tänzelten an den Ästen, streckten beide Hände nach dem Mädchen aus. Die vielen Weihnachtslichter stiegen höher und höher, und sie sah mit einem Mal, dass es die hellen Sterne waren. Einer von ihnen fiel herab und zog einen langen Feuerstreifen über den Himmel. „Jetzt stirbt jemand!“, dachte die junge Frau. Ihre Oma, das einzige Familienmitglied, das sie mit glücklichen Erinnerungen verband, die aber längst tot war, hatte immer gesagt: „Wenn ein Stern fällt, steigt eine Seele zu Gott empor!“

Die junge Frau stopfte wieder eine Tablette zwischen die rissigen Lippen und schluckte. Vor ihren Augen begann alles zu verschwimmen. Mit einem Mal stand die alte Großmutter vor ihr und lächelte sie mild und freundlich an. „Oma!“, rief das Mädchen, „Oma, nimm mich mit! Du darfst nicht verschwinden wie das Kaminfeuer, die Raclette-Pfännchen und der Weihnachtsbaum!“

In Panik stopfte es sich alle Tabletten, die noch im Döschen waren, in den Mund. Es wollte die geliebte Oma festhalten. Die Kehle und der Magen der jungen Frau brannten und wurden dann taub. Gleichzeitig schien die Großmutter von innen heraus zu glühen. Sie war so schön, so strahlend wie ein Engel. Die Oma nahm sie auf den Arm, so leicht und behutsam, wie man ein Neugeborenes hält, wiegte sie. Hunger, Kälte und Angst waren verschwunden. Mit einem Gefühl vollkommener Freude schloss das Mädchen die Augen.

Im Winkel am Haus saß in der kalten Morgenstunde das Mädchen mit roten Wangen und einem Lächeln auf den Lippen – tot, erfroren am letzten Tag des alten Jahres. Der neue Morgen ging über der zarten Leiche auf.

Im Autopsiebericht war zu lesen, dass sie eine Überdosis Amphetamine genommen hatte und dann erfroren war. In den Zeitungen stand nur ein kleiner Artikel über ein sechzehnjähriges Mädchen, das in der Silvesternacht Selbstmord begangen hatte. Niemand wusste, was die junge Frau Schönes gesehen hatte, in welchem Glanz sie mit ihrer Großmutter zur Neujahrsfreude eingegangen war.

Klaus Wuchner

Erkenntnis

Es schien ein unbekümmerter,
ein ganz normaler Tag zu werden.
Zu Mittag gab es eines meiner Leibgerichte, doch dann…
beim Nachmittagskaffee…
Wie konnte mir das passieren?
Woran ich geglaubt hatte, worauf meine ganze Hoffnung lag,
es schien zerstört.
Nun ein mehr als getrübter Tag.
Das Abendrot war violett mit hafergelben Flecken.
Der eingetrübte Tag – Schmach!
Kein Auge sich schließen mag,
immer nur der Gedanke:
Schmach, Schmach, Schmach!
Du, Mond, kannst oft beglücken,
doch heut in meiner Not,
deckt dein fahler Schein
immer wieder nur auf meine Pein.
Es verengt mir den Leib,
verschnürt mir die Brust,
fast der Atem versagt.
Du, Mond, mit deinem bleichen Schein,
deckst immer wieder nur auf meine Pein.
Schmach!
Ach, müsst' ich den Morgen nicht mehr schaun…
‚Du kannst dich ja erschießen, dann ist deine Pein vorbei!'
Was? Was? Sind das meine zu Wort gewordenen Gedanken?
Aber geht das denn?
Meine Pistole hat Kaliber sechs.
Jäger verwenden Kaliber neun
für den finalen Todesschuss.
Nein! Nein!
Dazu bin ich zu feige.
Und feige wär es, es zu tun.
Ist es nicht töricht, nur zu glauben und zu hoffen?

Wie lange noch umhüllt mich die Nacht?
Oh Tag, ich kann dich nimmer mehr missen.
Wann dämmert es?
Da! Da ist die Venus, sie führt mich zum Tag.
Komm endlich, Tag!
Erlöse mich von meiner Angst,
vom vielen Glauben und Hoffen,
führe mich durch Logik zur Antifragilität.

Paul H. Wendland

Aufbruch-Zeit

Im Aufbruch zu neuen Bewusstseinshorizonten
wirkt eine wunderbare schöpferische Kraft,
die selbst an wüsten, düsteren Gedankenfronten
sich segensreiche Wirkungsräume schafft.

Verkrustungen glätten sich zu zarten Schichten,
Knospen sprießen aus kraftbelebten Rinden.
Menschen befreien sich von lästigen Gewichten,
erfahren freiheitliches Seligkeitsempfinden.

Forscher lernen, sich die richtigen Fragen zu stellen,
erinnern sich ihrer geistbewussten Pflichten,
Unklares wissenschaftlich vermittelnd zu erhellen
und Verborgenes erkennbar zu belichten.

Menschenseelen öffnen sich wie Blumen dem Licht,
schöpfen aus offenbartem Schöpfungswissen,
finden Heil und Frieden in aufgeklärter Übersicht –
und sich selbst, mit geläutertem Gewissen.

Fred Fraas

Willkommen in Absurdistan

Ein blinder Vogel, der mir singt,
wenn draußen neu der Tag beginnt.
Und diese Bäume vor dem Haus,
sie treiben schrille Blüten aus:
Ich bin ... „daheim“, in einem fremden Land!
|
Er hat gesagt, dass er mich liebt
und dass er mir die Heimat gibt,
die ich zwar hatte, doch auch nicht.
Und ich, ich sah nur sein Gesicht,
und zärtlich war sie, seine Hand.
|
Verloren ... in Absurdistan.
Und niemand, den ich sprechen kann,
außer dem Wind, der machtvoll bläst
und in Gesichter Falten fräst.
Und nachts ... legt sich „mein Mann“ zu mir.
|
„Fünftausend Meilen!“ heißt die Zahl,
zurück ins ferne „Wareinmal“.
Und diese Träume aus der Zeit,
genauso schemenhaft und weit
wie dann der Abschied: „Ich bin hier.“
|
„Gebt mir Papier, für ein Gedicht!“
Doch so etwas gibt es hier nicht,
dass eine Frau auch liest und schreibt.
Und was sie sonst vielleicht noch treibt...
außer zehn Kindern – irgendwann.
|
Da ist Gewalt! Doch Gegenwehr,
das gibt die Scharia nicht her.
Und alle Frauen wickeln sich
eng in die Burka, so wie ich,
dass man vom Nichts nichts sehen kann.
|

Nur das Geviert von hundert Fuß,
und täglich diesen Weg zum Fluss,
das Wasser holen. Es ist kalt,
der frühe Winter kommt hier bald,
von droben her, vom Kyper-Pass.
|
Dann: Das Gefährt der alten Welt,
wo Menschlichkeit – im Urlaub? – zählt.
Und eine Frau nimmt mich, „das Stück
entehrtes Fleisch“, im Bus zurück.
Und zahlt sogar den falschen Pass!
| |
Wo kommst du her,
kommst – heute – her,
mein schlimmer Traum?
Von diesem Vogel und dem Baum,
wo jener singt, wo schrill es blüht,
wo man das Eis der Berge sieht.
Und mich – der Jammer in Gestalt?
| | |
„Komm zu mir heim“, flüstert *er* mir.
Und seine Küsse sind voll Gier,
die wohl tut und die süchtig macht.
„Komm nach Absurdistan“ – und la-acht.
„Komm bald!“
| | | |
Und morgen bin ich…
und entschließe mich…,
denn morgen bin ich –
endlich! – achtzehn Jahre alt.

Claire Guinin

's Genoveverl

„Mama", frogts Genoveverl, „wos gibt's'n heit z'Middog?"
„Blunzn mit greste Gnedl und an Krautsolot."
„I mog awa koane Gnedl ned."
„Gessn wird, wos auf'n Disch kimmt, des woaßt doch."
„Und danoch?", frogt's mit kleiner Hoffnung in der Stimme.
„A Melspeis zum Umhänga", lacht d'Mamma.

Da is as Veverl beleidigt, fangt as Flenna o, rennt davo und sucht Trost bei seim Liablingskaiwi im Stoi, mit einer Moardswuat im Bauch und ebensolchem Hunger. Der verlangt bald sei Recht. Und wias hoid so is, und wia ma so sogt, da Hunga treibt Fliagn nei.

Kleinlaut kommt's deshalb pünktlich zum Essen, schiabt die ungeliebten Gnedl von oam Backen zum andern. So wia's die Hamster machn. Brav den Teller aufgessn, denn des is oberstes Gebot, verdrückt sie sich schnell wieder in'n Stall und spendet die brechreizfördernden Knödlreste den dankbaren Schweinderln.

Derart erleichtert, sinnt Genoveva auf Vergeltung für diese herzlose Zwangsernährung. Aber wia? Ned wirgli wos Bes, denn's Veverl is eigentlich a bravs Madl und außerdem hod's ja ihr Mama glei so vui gern. Oiso wos denn bloß?

Hm, schlecht sei is gor ned so oafach und recht anstrengend. Jetz wird's sehr schläfrig, bekommt aber grod no a Idee. Und die gfoid ihm ganz guat: „Wenn i groß bin und amoi wos Foischs oder wos wirkli Args dua, dann sog i, i hob a schware Kindheit ghabt. Wenn des dann d'Mamma heard, dann stingta ihr awa sauwa!"

Der Genoveva falln jetzt die Augen zu, und sie verschiebt die Rache auf ein andermal.

Marianne Porsche-Rohrer

Pubertät

O Leute, wie die Zeit vergeht!
Das Kind ist in der Pubertät,
Und keiner hätte je gedacht,
Dass einfach so, ganz über Nacht,
Aus einem lieben, süßen Kind
Ein Monster wird, so ganz geschwind:

Schlechte Laune, Party gehen,
Nur den tollen Jungs nachsehen,
Schrille Kleidung, üble Schuhe,
Ignorantes Großgetue,
Schule Mist und Lernen blöd,
Mutter ist verklemmt und öd,
Zimmer miefig, nicht geputzt,
Zahnbürste bleibt unbenutzt,
Zu viel Schminke, Haare blau.

Wüsste man nicht ganz genau,
Dass das Kind vor einem Jahr
Noch gepflegt und fleißig war,
Könnt' man meinen – welche Qual! –
Dieses Kind sei nicht normal.

Mutter schluckt viel Baldrian,
Dass sie das ertragen kann.
Für die Tochter ohnehin
Gibt es keine Medizin.
Jedem Menschen ist es klar:
Pubertät ist unheilbar.
Ein paar Jahre braucht's Geduld.
Mutter ist gewiss nicht schuld!

Klaus Köhler

Der Kommandant

„Frau, Cholz!“, ertönte eine helle Männerstimme. Sie gehörte einem kleinen, rundköpfigen Mann mit blondem Stoppelhaar. Bendix' Mutter fütterte gerade die Hühner, als er mit der Feldbahn, die in Rufnähe am Garten vorbeiführte, angefahren kam. Er hielt an, entnahm einer der zwei Kipploren einen Arm voll Holz, bestehend aus zerbrochenen Brettern, und legte es neben den Gartenzaun. Er strahlte, als die Mutter ihm bedeutete, kurz zu warten; denn er wusste, dass er etwas Wertvolles bekommen würde. Sie holte zwei meterlange getrocknete Tabakstrünke aus dem Schuppen und gab sie ihm. Wassili, so hieß der russische Kriegsgefangene, bedankte sich überschwänglich und fuhr mit der Bahn weiter, hinab in die nahe gelegene Sandgrube, um Bausand für die im Bau befindliche Siedlung zu laden.

Nach dem ersten schweren Luftangriff auf Militäreinrichtungen im Kriegshafen Kiel Anfang Mai 1941 entschied man, dass im Kieler Umland in Orten mit Bahnanschluss Siedlungen für die kriegswichtigen Arbeitskräfte und deren Familien errichtet werden sollten. Aus Finnland wurden Bauteile für 1500 Holzhäuser beschafft, die hier auf gemauerten Kellern zusammengefügt wurden. Die Satteldächer wurden mit Tonziegeln gedeckt. Im Frühjahr 1942 begannen die Bauarbeiten. In Bendix' Heimatort waren 150 Häuser vorgesehen, die als Doppelhäuser gebaut wurden. Der Bauträger war die landeseigene Siedlungsbaugesellschaft „Neue Heimat“. Diesen Namen hat die Ascheberger Siedlung noch heute. Am Rande des riesigen Baugeländes befand sich ein eingezäuntes Gefangenenlager aus mehreren Baracken, das von etwa 50 russischen Kriegsgefangenen bewohnt wurde. Sie waren als Hilfskräfte dem Siedlungsbau zugeteilt. Zwei Soldaten oder Volkssturmmänner bewachten sie.

Bendix' Vater war als Soldat in Frankreich und Dänemark gewesen und hatte dort als Offiziersbursche mit großem Erfolg bei den Bauern Eier, Geflügel, Käse, Obst und Gemüse „organisiert“, wie es im Landserjargon hieß, um die Küche der Offiziere zu bereichern. War er wegen mehrerer Verwundungen manchmal wochenlang nicht frontdienstfähig, dann setzte man ihn für diese Zeit als Aufsichtsperson im Gefangenenlager ein.

Obwohl er nur Obergefreiter und später Stabsgefreiter war, wurde er von den Russen bald „der Kommandant“ genannt. Das lag vor allem daran, dass er dafür sorgte, dass die Volkssturmmänner als Bewacher im Lager menschlicher mit den Gefangenen umgingen, also unnötige Erschwernisse und Schikanen unterblieben. Aufgewachsen in einem sozialdemokratischen Elternhaus, war sein Vater insgeheim gegen den Nationalsozialismus eingestellt. Auch hier organisierte er zu der kargen offiziellen Verpflegung stets etwas hinzu: Marmelade, Schmalz, Margarine, Obst, Speck – und vor allem Tabak. In dem großen Garten der Eltern wurde auch Tabak angebaut, Virginia- und Balkantabak. Die Kinder mussten manchmal bei der Tabakpflege helfen, nämlich Blüten entfernen und die kleinen Blätter in den Blattachseln ausgeizen. Diese Arbeit war vor allem deshalb unbeliebt, weil davon die Finger klebrig wurden. Die Tabakstrünke waren bei den Russen besonders beliebt, weil sie daraus ihren Machorka herstellten.

Die Gefangenen dankten ihrem Vater seine eigentlich streng verbotenen Zuwendungen auf vielfache Weise: Sie bastelten für seine Kinder Spielzeug. Da gab es einen Wackeldackel aus Holz, der Gelenke hatte, die bewirkten, dass er, wenn man ihn an der Schnur hinter sich herzog, schlängelnde Bewegungen machte. Auf einem alten Tischtennisschläger waren einige kleine Hühnchen aus Holz federnd befestigt. Wenn man an Fäden zog, die nach unten durch Löcher führten, machten die Hühnchen pickende Bewegungen. Zu Weihnachten schenkten sie der Familie schöne kleine Ölgemälde mit verschiedenen Motiven: Landschaften, Kirchen, Bäume im Mondschein. Das alles war möglich, weil der Vater den Gefangenen vielerlei Material besorgte, vor allem auch Farben und Werkzeug. Holzabfälle gab es auf den Baustellen genügend. Die schönsten Geschenke, die ihnen die Russen machten, waren zwei taubengroße Vögel, ganz aus Holz gefertigt. An den ausgebreiteten Schwingen und an den Schwänzen hatten sie feine dünne Holzblättchen als Federn angebracht. Die Vögel waren sorgsam bemalt und sahen aus wie richtige Tauben. Als Bendix' ältere Cousine, die in der Nachbarschaft im Haushalt des Pastors arbeitete, wieder einmal zu Besuch war, sagte sie beim ersten Anblick der Vögel, die an der Decke hingen: „Das sind doch richtige Friedenstauben!“

Die „Versorgungsfahrten“ von Wassili erfolgten mehrmals im Monat. Manchmal war auch Anton dabei, der Sprecher der Gefangenen, der gut Deutsch sprach, und der immer mal für Ruhe und Ordnung bei Unstimmigkeiten sorgte; er war also für die Bewacher eine willkommene Unterstützung.

Der Bau der Siedlung kam rasch voran. Bald waren die ersten Häuser bewohnt. Die Luftangriffe auf Kiel häuften sich. Nachts flogen die englischen Bomberverbände über das Dorf hinweg, tagsüber die amerikanischen.

Der Zuzug der ausgebombten Kieler Familien brachte neue Probleme mit sich. Am deutlichsten spürte Bendix es in der Schule. Die Schülerzahl wuchs stetig an. Bald reichten die Unterrichtsräume der Dorfschule nicht mehr aus. Mehrere Jahrgangsklassen wurden in Baracken untergebracht, und manche Klassen hatten an Nachmittagen Unterricht. In Bendix' Klasse waren im zweiten Schuljahr 64 Kinder.

Sein Vater war wieder einmal für zwei, drei Wochen zu Hause, und natürlich war er wieder „Kommandant" im Russenlager. Die Radiomeldungen über Siege und Erfolge der Wehrmacht wurden seltener und blieben schließlich ganz aus. Eines Nachts war wieder Fliegeralarm, und die Familie suchte ihren Luftschutzraum auf. Weil ihr Haus am Dorfrand stand und es nur drei weitere Häuser im Umkreis von hundert Metern gab, hatte man genügend Platz in dem Unterstand. Der befand sich unter der Straße, dort wo ein Bach hindurchfloss, der Karperbek. Auf Steinen lagen lange Bretter an der Tunnelwand entlang, auf denen man sitzen konnte. Etwas tiefer, knapp über dem Wasserspiegel, lagen weitere Bretter, darauf war Platz für die Füße. Nach dem Sirenenton der Entwarnung konnte man am nördlichen Nachthimmel ein rotes Leuchten erkennen. Es war kein Nordlicht, sondern der Widerschein der Brände in Kiel. Dieses Leuchten hatten sie schon einmal aus südwestlicher Richtung gesehen, als das hundert Kilometer entfernt liegende Hamburg brannte.

Die Bomber warfen Stanniolstreifen ab, um die Ortungsgeräte der Flugabwehr zu stören. Die Kinder streiften umher, um dieses „Lametta", wie sie es nannten, aufzusammeln. Später gaben ihnen die Erwachsenen Kohlenzangen mit, weil ja das „Lametta" vergiftet sein könnte. Doch nicht nur das Stanniol wurde abgeworfen, sondern gegen Kriegsende auch vermehrt Flugblätter. Alle Kinder hatten strenge Anweisung, diese aufgesammelten Flugblätter sofort ungelesen bei der Polizei abzugeben. Sie waren so diensteifrig, dass sie manchmal die

Flugblätter sogar aus dem See herausfischten. Auf einer Serie waren die amerikanische und die britische Flagge aufgedruckt, und der Text wies auf das baldige Ende des Krieges hin. Das war im Sommer 1944.

Im Frühjahr 1945 war Bendix' Vater in Ostpreußen verwundet worden, als er mit anderen Soldaten in einem Bunker verschüttet wurde. Er kam in ein Lazarett in Eisleben in Thüringen. Weil aber die Amerikaner immer näher herankamen und der Vater nicht mehr bettlägerig war, erhielt er den Befehl, sich im Lazarett in Malente, einer Nachbarstadt der Kreisstadt Plön, zu melden. Er bekam einen Wehrmachtsfahrschein und einige Ausstattung und fuhr zunächst bis Halle, wo er sich an der Räumung eines Vorratslagers beteiligte, sich mit Tabakwaren und Schokolade eindeckte und eine Geburtstagskarte an Bendix abschickte.

Am 18. April, an dessen Geburtstag, stand er in der Tür. Die Freude war groß, ihn wieder zu Hause zu haben! Erst viel später erfuhr man, dass er eigentlich ins Lazarett sollte. Er ging aber gar nicht hin, er blieb zu Hause. Verstecken musste er sich nicht lange; denn nach einigen Tagen war der Krieg vorbei. Das Dorf stand dann unter der Besatzung einer schottischen Einheit. Wenn die Kinder aus der Schule kamen, hörten sie manchmal Dudelsackmusik. Damit wurden die schottischen Soldaten zum Essen in die Kantinenbaracke in der Nähe des Bahnhofs gerufen.

Eines Tages kamen zwei Besatzungssoldaten zu Bendix' Haus und wollten kontrollieren, ob dort vielleicht jemand versteckt war. Sein Vater schaute aus dem Fenster und winkte ihnen ganz frech zu, dass sie eintreten sollten. Die beiden zogen es aber vor, wieder zu gehen.

In derselben Woche nahm der Vater Bendix eines Nachmittags mit ins Dorf, eine leere Milchkanne in der Hand. Er wollte darin beim Schlachter – so heißt in Holstein der Metzger – Wurstbrühe holen. Als sie gerade vor dem Laden angekommen waren, hielt ein Jeep der Besatzer bei ihnen und sie wollten Bendix' Vater mitnehmen. Es ging erst hin und her. Der Junge verstand nicht viel von dem, was gesagt wurde, aber er hatte Angst, dass sein Vater gefangen genommen werden sollte. Als es richtig ernst zu werden schien, kamen etwa zehn Männer über den nahen Bahnübergang. Die Männer umstellten die beiden und die Soldaten und redeten ganz aufgeregt durcheinander. Plötzlich erkannte Bendix Anton und Wassili. Die Russen waren nun frei! Sie hatten seinen Vater sofort erkannt, obwohl er Zivilkleidung trug, und redeten auf die Briten ein und riefen: „Nix Kommandant gefangen! Kommandant gutt! Kommandant gutter Mensch!“ Das muss so eindrucksvoll gewesen sein, dass sie davon abließen, ihn mitzunehmen. Der Vater unterhielt sich noch eine Weile mit den Russen. Wassili kam zu Bendix, strich ihm sacht übers Haar und sagte: „Du hast gutten Papa und gutte Mamuschka.“

Dann holten sie ihre Wurstbrühe und machten sich auf den Heimweg. Unterwegs wurde Bendix erst allmählich bewusst, was geschehen war. Nun hatte man endlich Frieden! Es gab keine Gefahr mehr, aber genügend Probleme anderer Art. Übrigens: Die Geburtstagskarte von seinem Vater an ihn traf am 6. Juni ein.

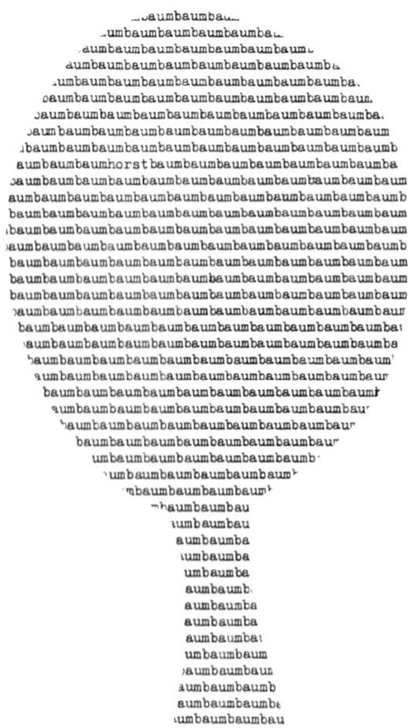

Helmut Glatz: *Horst versteckt sich auf einem Baum*

Paul H. Wendland

Eines Erdenpilgers Wanderlied

Das Wandern ist des Menschen Los
im Kreislauf der Natur.
Erwacht im irdischen Lebens-Schoß,
sucht er des Schöpfers Spur.
Belebt von hellem Tageslicht,
beschirmt vom Sternefunkeln,
findet der Mensch aus jeder Sicht
die Lichtspur auch im Dunkeln.

Das Wandern schult des Geistes Blick
im Raum des „Stirb und Werde“.
Es weckt das Sehnen nach dem Glück
des Lebens auf der Erde,
bis ihm im Land der Wendezeit,
des Daseins, wird bewusst,
dass ewige Glückseligkeit
nur stärkt des Wandrers Lust.

Das Wandern ist in dieser Welt
ein lebensfrohes Gleichnis.
Des Wandrers Name steht erhellt
im Lebensbuch-Verzeichnis.
Des Menschengeistes Wanderschaft
ist nicht im Sein vergebens –
in vollendeter Geisteskraft
dient er dem Licht des Lebens.

Heidi Kjaer

Hey Clown oder:
„Wer was mitmacht, macht was mit!“

In meiner kleinkarierten Welt,
da gibt es einen Clown.
Er redet viel, dreht sich im Kreis,
will Märchenschlösser baun.

Meist will er sein wie du und ich;
will Mensch sein, mittendrin.
Dann stolpert er, hält sich das Bein –
kein großer Lustgewinn.

Oft lacht er mit, weil alles lacht.
Sein Spiel, es muss gelingen.
Doch niemand sieht, wenn er so lacht:
Er weint um sich, tief drinnen.

Der Clown ist müd, ich kenn ihn gut.
Du gibst wohl niemals auf?
Drum sag mir, Clown: Wie kann das sein?
Wann hört das Spiel mal auf?

Nicht jedes Spiel braucht eine Bühne.
Die Dummheit macht sich selbst zum Clown.
Komm, lüfte deine grelle Maske,
lass ins Gesicht dir schaun!

Schon hat der Spuk ein jähes Ende,
hast dich im Spiegel selbst erkannt.
Du wirst geliebt, du wirst gehasst,
im „Mitmachspiele-Wunderland“.

Fred Fraas

Das kleine Glück der Tapferkeit

Schau das alte Fräulein sitzen:
Handschuh' ohne Fingerspitzen,
grauen, dünn geflocht'nen Zopf.

Vogelfutter für die Spatzen,
Nüsse an die Eichelkatzen,
Pudelmütze auf dem Kopf.

Bunte Patchwork-Einkaufstasche
mit dem Hals der Glühweinflasche,
Falten lächeln im Gesicht.

Immer siehst du sie alleine,
mit der Lust am Sonnenscheine,
Augen zu im warmen Licht.

Kindermädchen, lange, früher,
alle Tage Stunden hierher,
mit den Blagen an der Hand.

„War nie Zeit für deines, eines
Lebens Glückes, jetzt beweinst es
du halt eben", sagt ihr weise der Verstand.

„Warte nicht mehr!", meint die Stimme.
„Doch die Hoffnung?", hält sie inne,
„wem nicht hält die lebenslang?"

„‚Kleines Glück' ist auch indessen,
sich in ‚Tapferkeit' zu messen",
denkt sie auf dem Heimwärtsgang.

Angelika Müller

Möchtegern

Möchte mal als alte Frau
herrlich vergesslich sein,
bis ich vor lauter Entenfütterei
mein Mittagessen verpasst habe.

Möchte fremde Leute anquatschen
mit einer Frage ohne Sinn,
dann lachen über deren verdutzte Gesichter
und brabbelnd, schmunzelnd weiterziehn.

Möchte den Schwänen zusehen
und glauben, ich könnte auch so fliegen,
dabei ist's eher der schwankende Watschelgang,
der uns verbindet, nur ohne Rollator.

Mag mit frechen Spatzen tratschen
über Wünsche, Träume und Ansichten,
die mancher Mensch nicht versteht,
und möcht größer spinnen als Spinnen.

Möchte mal allen Kindern, die ich sehe,
ihr Jungsein verzeihen können,
sie anlächeln, wie sie Grimassen schneiden,
aber ohne verschämt zur Seite zu blicken.

Möchte wie Herbstblätter
immer bunter und schöner werden,
mich grell kleiden und hoffen,
meine Runzeln könnten Geschichten erzählen.

Möchte Maulwurfhügel platttreten,
mit Fröschen quaken und Ameisen umleiten,
Müllerin-Forellen zurück in den Bach werfen
und die Gedanken darüber sofort verlieren.

Möchte störrisch Eigeninitiative entwickeln,
Tag und Nacht mal vertauschen,
mit dem Studenten von nebenan Shisha rauchen
und mit meinem Pfleger anbandeln.

Möchte von der Sorte alte Dame sein,
die Rosen erst schneidet,
wenn die Blütenblätter längst abgefallen sind,
denn schön verblühen will ich auch selber.

Lore Kienzl

Löwenfell

Mein Löwenfell ist stumpf geworden
Und deine Schlangenhaut
Hat ihren Glanz verloren
Morsch liegt der graue Kahn am Strand
Doch er trägt
Und unsre Abenteuerlust ist groß

Lange noch glühn die Kartoffelfeuer
Und das helle Lachen von einst
Klingt nachts in unseren Ohren
Verwegen funkelt dein Auge
Der alte Zauberer hat sich an uns erinnert
Und das große Feuerwerk entzündet

Gib uns noch einen Augenblick
Dann
Glätte dein verwaschenes Kleid
Abgenutzt ist es
Doch vertraut
Ob du noch einmal ein neues brauchst

Max Dietz

Vergessene Treue

Die Kindheit?
Hab' ich vergessen!
Das Frühere scheint wie ein Traum.
Aufs Heiraten war ich versessen,
Sagt Otto, doch den kenn ich kaum.
Er kommt nur, um mich zu begleiten,
Allein darf ich nicht mehr hinaus.
Wir gehn wie in früheren Zeiten
Zum Fluss und zu unserem Haus.
Es grüßen noch immer die Fenster,
Im Garten wächst weiter der Klee.
Wir sind wie zwei alte Gespenster –
Ich merk' nichts, mir tut es nicht weh.
Für mich blüht für immer die Jugend,
Ab morgen entsteht alles neu.
Ich weiß nichts von Liebe und Tugend.
Nur Otto weiß: Er ist mir treu!

Hans Schütz

überschrift vergessen

noch ist mein eigner name mir geläufig
und auch der deine fällt mir meist noch ein
doch fehlen andere einst bekannte häufig
wie wird das in der zukunft sein

auch vieles andre geht beängstigend verloren
ich schreibe zettel um nichts zu vergessen
und manchmal taucht fast so wie neugeboren
aus nebelschwaden auf was ich schon mal besessen

Otto J. Stedele

Dr Vàschdääschd-hòschd-ghäàrd

(Aus dem Zyklus: *Heitere Trauergeschichten*; hochdeutsch/lechrainisch)

Beim Zwinger Mòrtl hat jede zweite Bemerkung mit dem Nachsatz „Vàschdääschd – hòschd ghäàrd?"[1] geendet. Deswegen sprach man in der Gegend nicht vom Zwinger Mòrtl, sondern vom Vàschdääschdhòschdghäàrd.

Wie sein Freund, der Bailacher Schorsch, gestorben ist, war er, weil der erste Vorstand des Arbeitervereins krank darniederlag, gezwungen, seinem verstorbenen Kameraden einen letzten Gruß für die weite Reise in die Ewigkeit am offenen Grab zu sprechen. Der Mòrtl ging frisch ans Werk und hat sich eine Abschiedsrede ausgedacht, die er tagelang auf dem Heuboden auswendig gelernt hat. Inhaltlich war auch Elisabeth, seine Frau, mit dem Nachruf einverstanden.

Der erweiterte Vorstand des Arbeitervereins war, ob der begrenzten rhetorischen Fähigkeiten vom Mòrtl, zum Ausgang dieses Unterfangens schon etwas skeptischer.

Als es soweit war und der Mòrtl mit dem Trauerkranz vor dem offenen Grab stand, vernahm die zahlreiche Trauergemeinde folgende wohlgesetzten Worte:

„Liàwàr Schorsch! Du bischt uns immer ein treuer Kamerad gewesen und mi wäàrà di gar nie id[2] vergessen. Aus Dankbarkeit für deine hohen Verdienste beim Arbeiterverein und sinschd ou,[3] lege ich dir am offenen Graw dieses Kränzlà nieder."

Dem Mòrtl war inzwischen schon der kalte Schweiß ausgebrochen, doch er musste die Rede zu Ende bringen, und so setzte er noch einmal an für folgendes Schlusswort:

„Lieber Kamerad! Möge dir die Erde leicht sein und ruhe sanft und in Frieden, *vàschdääschd – hòschd ghäàrd?"*

Es war passiert! Elisabeth und die umstehenden Nachbarn wären vor Scham am liebsten im Boden versunken. „Blòs'n Mòrtl soulwr hòd dejs

---

1 Vàschdäaschd – hòschd ghäàrd? = Hast du es gehört ... und verstanden?
2 id = nicht
3 sinschd où = sonst auch

nix schimerd,[4] bał'r froà gwejsà isch, dass'r dej Rejd iwrschdandà hòd. Er hòd als erschds ou gar id gmourkt, dass'n mer ä Vàschdäàschd-hòschd-ghäàrd nausgruschd isch." Erst daheim hat ihm seine Frau einen Saukrach gemacht wegen dem blöden Daherreden. Und zur Nachbarin, der Gschwendnr Burgl, hat sie gemeint, dass sie's „schò vò zerschd aà[5] gwissd hòd, dass mà dèn Deppà zu nix brachà kaà", worauf die Burgle sie tröstete, indem sie feststellte, dass es hätte noch viel schlimmer kommen können, wenn das noch eingetreten wäre, was dazumal dem Gidi Herrmann passiert ist, als der vor lauter Aufregung statt dem Blumengebinde seinen Hut ins Grab geworfen hat. „Ja bàł mà's àsou siichd," meinte die Elisabeth, „no kimmr grad nou froà sej, dass nix nou Schlimmrs bassierd isch" ... und sie war getröstet.

Hans Schütz

Telefongespräch

Er:	's Telefon goat! Gang du na, i bin it drhoam!
Sie:	Herrschaftszeitn! Allbod klinglats heit! – Ja?
Anrufer:	Griaß Gott. Isch er sell o do?
Sie:	Wöllar sell?
Anrufer:	Ja er halt! Dr Hans!
Sie:	A so! – Dr sell isch itte do! – Abr, wer isch nochat er?
Anrufer:	I? I bi dr Sepp vo Läch.
Sie:	A so, dr Sepp sell. Nochat isch es gwieß wichtig, odr?
Anrufer:	Ja, sell scho.
Sie:	Ja, wenn des so isch, dann isch er sell scho doch do!

4 nix schimerd = nichts ausgemacht
5 vò zerschd aà = von Anfang an

Thomas Glatz

Wer ist's

Wer klimmt den Hügel heran?
Wer bricht sich durch Gestaud und Gestrüpp?

Der Hügelheranklimmer ist's.
Der Gestaudundgestrüppdurchschreiter hinterdrein.

Wer hätte das gedacht?!

Helmut Glatz

Der Geigenzähler

In keinem Konzert, in keiner Oper fehlt er: Der Geigenzähler. Er sitzt in der ersten Reihe, hat einen Operngucker in der Hand und einen Notizblock auf den Knien und zählt die Geigen. Dann notiert er säuberlich: Strauß, Eine Alpensinfonie, 24 Geigen. Beethoven, Klavierkonzert Nummer 5, 13 Geigen. Debussy, Nachmittag eines Fauns, 25 Geigen. Oder: Tartini, Teufelstriller, 1 Geige. Der Geigenzähler zählt nicht die Bratschen, nicht die Celli, auch nicht die Triangel, all das interessiert ihn nicht. Er zählt die Geigen.

Wenn er in den Konzertsaal kommt, nimmt ihm die Garderobenfrau den Überzieher ab, der Platzanweiser öffnet ihm die Tür, dann bewegt er sich mit federnden Schritten, während sein Adamsapfel auf und ab hüpft, zu seinem Platz in der ersten Reihe. Der Geigenzähler kritisiert die Geigen nicht. Er sagt nicht: Die Erste Geige war heute indisponiert. Er sagt nicht: Die zweiten Geigen haben im 15. Takt des 3. Satzes gepatzt. Er sagt nicht: Die Geigen waren im Adagio zu laut, obwohl er das sagen könnte. All das könnte er sagen, denn er versteht etwas von der Musik. Er bemerkt den geringsten Taktunterschied, jede flüchtige Dissonanz, jede auch nur angedeutete Unsicherheit. Aber er zählt sie nur, die Geigen.

Diese Beschäftigung erfüllt seinen Geist so sehr, dass er sogar Geigen zählt, wenn überhaupt keine vorhanden sind, zum Beispiel bei

Helmut Glatz: *Der Geigenzähler*

Blaskonzerten. Während des Frühstücks notiert er: Auf dem Tisch zwei Teller, eine Untertasse, eine Tasse, drei Teelöffel, *keine* Geige. Später stellt er sich an die Straße, beobachtet den Verkehr und stellt fest: Drei Lastkraftwagen, 25 Pkw, 12 Fahrräder, 9 Fußgänger, *keine* Geige. Wenn er die Zeitung liest, schreibt er auf: 5 Satzzeichenfehler, 2 falsche Trennungen, 12 s-Fehler, *keine* Geige.

Und was macht der Geigenzähler an konzertfreien Abenden? Da sitzt er zusammen mit dem Bratschenzähler, dem Cellozähler und dem Triangelzähler in der Hauskapelle und zieht die Partituhren auf.

Otto J. Stedele

Doppelte Ladung

(Aus dem Zyklus: *Heitere Trauergeschichten*; hochdeutsch/lechrainisch)

Im Ersten Weltkrieg, „wià's gejgä di Franzousà gangà isch", hat der Stechele Josef von Mòsslhouf dem Deutschen Vaterlande als Kanonier gedient.

„Waas gloubsch,"[1] sagte er, „wià mi auf Sedan neigschossà hawà! Doo hawà's gschaugd, d'Franzousà. Mi hawà um's Varreckà id lugg lòssà,[2] ou bał's nou àssou gschebbrd hòd und d'Fetzà gflouchà sèn." Ob dieser tapferen und heldenhaften Haltung ist der Sepp nach der Heimkehr vom örtlichen Veteranerhauptmann schnurstracks zum „Kanonier vò di Veteraner" ernannt worden.

Er hat dieses verantwortungsvolle Amt wegen seiner Zuverlässigkeit und seinem professionellen Umgang mit der alten Trichterkanone – zur höchsten Zufriedenheit der lebenden und wahrscheinlich auch der bereits verstorbenen Kriegskameraden – über 20 Jahre ohne das geringste Missgeschick bekleidet.

Deswegen wäre es dem Kanonensepp nie in den Sinn gekommen, das heißt: „gaar nia id ejgfałłà, dass mà'n sejnr Schiàssàrei waas zn Aussetzà hawà kinnd; ja gar nià id!"

---

1 waas gloubsch = was glaubst du
2 id lugg lòssà = nicht nachlassen

Doch wie heißt es schon in der Bibel „oudr I woàß id, wo nou“, dass der beste Mensch nicht in Frieden leben kann, wenn es „den Sauhammeln, den hinterkinftigen vò di Veteraner“ nicht gefällt…

„Bał's 'n Reißlehner Isidor vò di Veteranàr eigrawà hawà, isch mà, wià's dr Brauch isch, nooch dr Leich nou bein Wurd zejmàghockd. 's hòd id lang daurd, nò hawà à baar bsuffigi Schdierbeidl 'n Sebbł vourgwourfà, dass mà desmouł faschd gar nix von Schiàssa bein ‚Guten Kameraden‘ khäärd hòd; und dass dejs à Schande für den Isidor gwejsà isch, bał'r wejgà derà windigà Schiàßàrei id gscheid geehrt worden isch; und überhaupts, kinnd's id sei, dass dr Kanounàseppl vielleichd bsuffà gwejsà isch, dass'r si bein Kanounàladà nimmr gscheid auskennd hòd?

Der Kanonenseppl isch von Haus aus à friedlicher und umgänglicher Mensch gwejsa, awr jàtz hawàs'n bei seinr Kanonierehre backd und dejs hòd'r id vàdraagà kinnà, dejs id, hosch khäärd! Dejs heddàss wissà miàssà, dià Hammł, dià gscheerdà! Auf dejs hi hòddr bein Zejmàsitzà nimmr fułł gsejd, bał'r noochschdudiird hòd, wià's dià Pfundhamml, dià schdouwigà[3] zoàgd, wer do id gscheid schiàßà kaà und wer zledschd dr Moàr isch.“

Das Nachdenken hat sich gelohnt, denn er hatte einen geradezu genialen Einfall:

„Auf dejs hi isch'r, wià's schò głei finschdr woàrà isch, mer zun Feirweerheislà, hòd Kanounà mi'n ganzà Schiàßzeig mer rauszouchà und dieselbe bein ouwàrà Wurd huàli auf dr Houford[4] in Stellung bròcht und glòdà. Diesmal mit doppelter Ladung. Do wääràs sbiitzà, dià Herren Veteranàr“, hat er sich gedacht, die Lunte entzündet und sich seitlich in die Büsche geschlagen.

Es hòd id lang daurd, nò hòd's'n Donnerschlag getan, dass das altehrwürdige Wirtshaus in seinen Grundfesten erschüttert wurde. Aus'n Drichdr hòd's eine Stichflamme und eine Rauchwolke nausghaud, dass mà gmuàd hòd, die Pforten der Hölle hätten sich mit Feuer und Schwefel geöffnet. Die Böllerkanone isch erschlings am Josef vobeigschòssà und hòd si nou 'n dr Luufd iwrschlaagà. 'n dr Wurdsschduwà[5]

3 dià Pfundhamml, dià schdouwigà = die Pfundhammel, die staubigen (Schimpfwort)
4 Hoùford = Hochfahrt zur Tenne
5 Wurdsschdùwa = Wirtsstube

hawàs gmuàd, dass auf's Zledsch hiigäàd, bàł dr Blitz eigschlagà hòd und di ganz Wurdschafd brennd. Si hawà fluchtartig das Wirtshaus leichenblass und hustend verlassen und sich wild gestikulierend und schimpfend im Hof versammelt.

„Guàd isch gangà," hat sich der Sepp gedacht als er sah, was seine Kanonade bewirkt hat, und es war ihm klar, dass er durch die kühne Tat seine Kanonierehre für alle Zeit wiederhergestellt hatte.

Als es den Geflüchteten klar wurde, dass nicht der liebe Gott, sondern der Kanonensepp dieses Donnerwetter veranstaltet hatte, war man sich trotz aller erlittenen Schmach einig, dass der Sepp sich mit seinem „Lasst Kanonen sprechen!" eindrucksvoll gerächt hatte.

Man nannte ihn anerkennend einen „Hund, einen verreckten, bàł mà's faschd id glouwà hòd kinnà, waas der nou aus der aldà Kanounà nauskoułd hòd! ‚Reschbekd,' hawà's gsejd, ‚dènn hed's midsamd dr Kanounà ou zreißà kinnà!'

Dr Kanounàsepp hòd auf dejs hi 'n Kraagà gschdoułłd[6] und hòd si iwrałł in di Wurdschafdà feirà lossà.

Awr, wià dr Wurd à baar Wochà dànooch dem Sepp eine Rechnung von über 300 Mark kredenzt hat, bał wejgà sejnr Schiàssàrei faschd di ganzà Schdaałfenschdr blatzd sèn, dò hòd dr Sepp ouf uáml noochdenkà miàssà", ob es (des enormen finanziellen Verlustes wegen) nicht doch besser gewesen wäre, auf die Wiederherstellung seiner Kanonierehre durch Kanonade großherzig zu verzichten und stattdessen einigen der Ehrabschneider und „Gschwollscheel" mit einem Maßkrug den Scheitel leicht nachzuziehen. Dieser Zweifel trieb ihn zeitlebens um, und trotz intensiven Nachdenkens ist er bis zu seinem Ableben zu keinem befriedigenden Ergebnis gekommen.

Awr vàgessà hòd mà'n bis heid id, 'n Kanounàsepp.

6 'n Kraagà gschdoułłd = den Kragen gestellt (Redewendung für: war stolz)

Joachim Giebelhausen

Braucht er Waffen?

Wer braucht Waffen? Natürlich der Erdenmensch, der braucht dringend Waffen, zum Überleben braucht er Waffen. GOTT hat ihn doch damals aus dem Paradies hinaus und ins feindliche Leben hinein befördert. Und das ohne jedes Verteidigungsmittel, das heißt: bloß, ohne irgendeinen Schutz, ohne diverse Mittel, womit man sein Leben schützen kann, schützen gegen all die Widerwärtigkeiten dieser feindlichen, rohen, wütenden, gefahrvollen Welt mit ihren besonderen Verstecken zu Lande, zu Wasser und in der Luft.

Ja, die wunderbare Tierwelt, sie wurde von der ALLMACHT in geradezu vorbildlicher Weise großzügig und vielseitig ausgestattet: Der Hirsch bekam ein Geweih, der Löwe kraftvolle Pranken, die Schlange ihr Gift, der Adler Hackschnabel und Krallen, das Krokodil sogar eine extra lange Zahnreihe, die Gazelle ihre Schnelligkeit, der Haifisch, der hat nachwachsende Zähne, der Krebs seine Scheren und der Affe Kokosnüsse zum Werfen.

Aber was hat GOTT dem armen Menschen gegeben, um zu überleben auf diesem finsteren Planeten?

Na also, die gescheiten Entwicklungshelfer, die Erfinder der menschlichen Evolution, die Human-Genetiker als Kenner des menschlichen Gehirns, sie haben von Anfang an gewusst und bis ins kleinste Teil erforscht, dass der LIEBE GOTT den Menschen keineswegs benachteiligt hat gegenüber den bestens ausgestatteten Tieren.

Stellen wir uns doch mal vor: Dieses ursprünglich völlig bloße Wesen, der hilflose Homo Sapiens, diese armselige Kreatur, stand plötzlich, sagen wir einem Leoparden gegenüber, mitten im Dschungel. Oder das nackte, armselige Geschöpf wurde im Fluss von einem Schwarm Piranhas angegriffen, um restlos zerstückelt zu werden. Was hatte denn der Mensch, die Krone der Schöpfung, mit seinen ungelenken Gliedern solchen Unbilden des Diesseits entgegenzusetzen? In welcher Weise konnte er damit fertig werden?

Wir wissen inzwischen, dass sich die gesamte Tierwelt letztendlich beugen musste, und dass diese nicht nur gebändigt, sondern auch benutzt wurde – wie etwa die Milchkühe oder die Ackergäule oder die

Kutschpferde. Welcher Art war nun das GOTTESGESCHENK, das der Mensch empfangen durfte?

Nun, es war sein Verstand …

Claire Guinin

Der Statistiker

Es ist eine etwas skurrile Geschichte. Von einem Gespräch zweier Herren am kalten Buffet. Der eine ein langer Hagerer mit etwas spitznasigem Gesichtsausdruck, einem erschrockenen Huhn ähnlich. Der zweite ein leger-eleganter Managertyp.

Der erste, das „Huhn“, ab jetzt „Herr A“ genannt, schaut in die Runde und sagt zu dem Managertyp: „Sie dürfen mir glauben, 4,6 % der Gäste hier sind Linkshänder, 83,5 % mit Sicherheit Biertrinker und 5,7 % sind Alkoholiker.“

‚Mindestens 10 %‘, dachte sich heimlich der zweite, in der Folge „Herr B“ genannt. „Und Sie,“ sagt lachend Herr B, „sind mit 90%iger Sicherheit ein Statistiker. Stimmt's?“

Herr A: „Ja! Mit Leidenschaft!“

Herr B: „Was kann an trockener Statistik denn leidenschaftlich sein?“

Herr A: „Na, das hätte ich mir ja denken können, dass Sie zu den 7,4 % Ignoranten von Statistiken gehören.“

Herr B: „Das ist jetzt aber eine Unterstellung Ihrerseits.“

„Es steht fest“, so Herr A. „85 % aller Äußerungen sind Unterstellungen. Aber das wiederum ist nur zu 6,5 % nach wissenschaftlichen Kriterien nachweisbar.“

Herr B: „Das alles halte ich für einen ziemlich unglaubwürdigen Unsinn.“

„Aber nein“, so der Statistiker. „Zahlen sind Zahlen, darauf ist Verlass.“

Herr B: „Und wer beweist das, Sie?“ Das Gespräch wirkte jetzt ein bisschen gereizt.

Herr A: „Eben die Statistik!“ Und fährt mit belehrendem Unterton fort: „Schauen Sie, wenn ich zum Beispiel behaupte, etwas sei so und so, provoziere ich damit sofort Widerspruch und Diskussionen. Arbeite ich dagegen mit statistischen Zahlen, geht alles glatt.“

Herr B: „Ausgenommen bei den 7,4% Ignoranten, wie ich einer bin, nicht wahr?“

„Na und?“, entgegnet Herr A. „Die kapitulieren auch zu 99%, spricht man sie darauf an.“

Herr B: „Und die Zahlen? Ihre Zahlen, die sind wohl alle frei erfunden!“

Herr A: „Natürlich, ich halte es damit wie W. Churchill: ‚Ich traue keiner Statistik, die ich nicht selbst gefälscht habe.‘ Schaun Sie, mit Hilfe von statistischen Behauptungen beeinflusse ich Marktbewegungen, Marktanteile bei meinen Firmen-Beratungen.“

Herr B ist entrüstet: „Das nenne ich üble Manipulation!“

Herr A: „Was wollen Sie denn? 92% der Leute ertragen das Leben nur, wenn sie sich selbst was vormachen können oder vormachen lassen.“

Herr B fragte daraufhin Herrn A etwas süffisant, ob er denn wüsste, dass nach einer amerikanischen Statistik 89,9% aller Statistiker an Herzinfarkt sterben?“

Nach kurzer Stille riss der Statistiker die Augen auf, stellte sein Whiskyglas ab – und fiel um! Ein zufällig anwesender Arzt stellte fest: „Mit 75%iger Sicherheit handelte es sich hier um ein Herzversagen.“

‚Und wenn es nur 25% wären,‘ dachte sich Herr B mit einem kleinen boshaften Lächeln, ‚müsste ich ihm, dem Herrn Statistiker, postum mit 100% Recht geben.‘

Irrtum

&&&&&&&&&&&&&&&&
&&&&&&&&&&&&&&&&
&&&&&&&&&&&&&&&&
r &&&&&&&&&&&&&&&&
&&&&&&&&&&&&&&&&
&&&&&&&&&&&&&&&&
&&&&&&&&&&&&&&&&

Helmut Glatz: *Irrtum*

Gerwin Degmair

Ich wünsch euch guten Appetit!

Ich wünsch euch guten Appetit –
und ess am besten auch gleich mit,
denn irgendwie hält man zu dritt
doch miteinander leichter Schritt.
Zudem müsst ihr dann hier auf Erden
nicht ganz alleine dicker werden.

Drum ist's doch allemal viel schöner,
uns blähen fette Kebab-Döner,
Hot Dogs und doppelte Big Macs
die „Knautschzonen“ an unsren „Hecks“ –
und an den „Bugs“ natürlich auch –
bei dementsprechendem Verbrauch
im zügellosen Schnell-Verzehr
mit Stop-and-Go-Transit-Verkehr,
durch Magen-, Dünn- und Dickdarm-Trakt,
der jede Kalorie einsackt.

Da wird man sowohl fettautark
als auch gemeinsam bärenstark,
und – unabhängig von Gewicht,
von blutfettvollem Arztbericht –
pocht hierauf doch mit Fug und Recht
gar jeglich Alter und Geschlecht.

Drum nochmal „guten Appetit“
bei unsrem Fastfood-Genozid!

Angelika Müller

Mahlzeit!

Schwarz gelockt,
den übervollen Teller in der Hand,
mit schlurfendem Schritt,
an den Füßen noch Sand,
oder durchsichtig gewickelt
in ein schweinchenrosa Tuch,
die Haare zerzaust
und unterm Arm
verschwitzt ein Buch,
so präsentiert sich der Tourist,
der mittags auftaucht, isst,
anschließend faul
in den Liegestuhl fällt,
müde und kaum von Geist erhellt.

Es ist wahr:
Auch ich gehör zu dieser Meute,
sitze so da,
betrachte ungeniert Leute,
die vor meinen Augen
kommen und verschwinden. –
Jetzt muss ich zum Strand,
meine Liege wiederfinden!

Carmen Kraus

Dualschwingen

Was fehlt mir,
wenn ich ruhelos im Leben mäandere?

Wie geht es ihr
auf der Suche nach erfüllender Liebe?

Was vermisst er,
wenn er unsicher im Alltag hängt?

Wer zählt schon
die Langstunden der Ein-sam-keit?

Wo findet man
endlich den Frieden des Suchenden?

Wann entscheidet
sich das Innerste zum Äußersten?

Wieso sind wir
immer wieder neu fest entschlossen?

Welche Höhenflüge
bergen die Tiefen im inneren Raum?

Wie wenig braucht's:
eine im Gleichschritt schwingende Seele.

Max Dietz

Nur noch du

Wenn die Gedanken stillestehn,
Wenn meine Sinne dich erflehn,
Wenn jedes Wort mir eine Qual,
Mein Leben scheint ein leerer Saal,
Bist nur noch du
Und bringst mir Ruh'.

Gerwin Degmair

Spruch zu mir

Verdunkle nie aus Mitgefühl
mit anderer Menschen Leid
dein eignes Leben.
Schenk Liebe, doch um ihretwillen,
um deinetwillen nie.
Schick selbstlos deines Herzens Licht
ins Dunkel ihres Lebens.

Angelika Müller

Es ist

Es ist eine Seele,
        die auf Wegen wandert, die du nicht immer kennst.
Es ist ein Herz,
        das laut aus dir schlägt und dich bewegt.
Es ist ein Gedanke,
        der vor dir herfliegt und den du bewahren willst.
Es ist die Vernunft,
        die dir raten will und doch nicht alles begreift.
Es ist die Bewegung,
        die dich vorantreibt und Erleben möglich macht.
Es ist die Ruhe,
        die dich innehalten lässt zum Verstehen.
Es sind Taten,
        durch die du reifst und zur Persönlichkeit wirst.
Es sind Freude und Trauer,
        die sich abwechseln und doch fest zusammengehören.
Es ist…
        … einfach das Leben.

Helmut Glatz

Ein Was-wäre-wenn-Gedicht

Was wäre, wenn die Menschen ihre Häuser
am Rücken tragen würden wie die Schnecken?
Dann könnten wir uns in uns selbst verkriechen
und uns in unsern Träumen still verstecken.

Was wäre, wenn wir alle Raupen wären,
gierig fressend von den fetten Pflanzen?
Wir würden später aus der Hülle schlüpfen,
als Falter bunt im Sonnenlichte tanzen.

Was wäre, wenn wir alle Igel wären,
die nächtens durch die Schrebergärten streifen?
Wir würden uns zu Stachelkugeln rollen,
und niemand käme, um uns zu begreifen.

Was wäre, wenn wir alle Bäume wären?
Dann würden wir in Wind und Wetter stehen
und mächtig unsre grünen Kronen schütteln,
wenn wir der Menschen Treiben sehen.

Was wäre, wenn wir alle Sterne wären,
am Himmel leuchten würden in den Nächten?
Dann könnten Lichter sein wir und Laterne
den Suchenden, den Weisen und Gerechten.

Was wäre, wenn wir alle Menschen wären
mit Freude und mit Hoffnung und mit Mut
und auch dem Willen, anderen zu helfen?
Das wäre gut.

Franz Oberhofer

Der Erfinder

Dies ist die Geschichte meines Urgroßvaters. Ich erlaubte mir, seine handschriftlichen Aufzeichnungen in die heutige Sprache zu übertragen. Ebenso versuchen meine Bemerkungen zu den Tagebucheinträgen seine Geschichte für die heutigen Leser verständlicher zu gestalten. Jedenfalls befindet sich zwischen den vergilbten Buchdeckeln in meinen Händen das bewegte Leben eines Erfinders.

Die meisten Menschen seiner Heimat lebten damals vom Bergbau und der Verhüttung von Erzen. Die Bergmänner fuhren in rappeligen Drahtkäfigen in die Tiefe, wobei ihre einzige Schutzbekleidung der Lederhelm war, Schutzmasken gab es noch keine. Generationen von Hauern litten an Staublungen, husteten, würgten und spuckten morgens nach dem Aufstehen, dass ihnen die Augen aus den Köpfen fielen. Die Vorfahren meines Urgroßvaters schmiedeten das mühevoll gewonnene Metall zu allerlei Gegenständen für Haus, Feld und Handwerksbetriebe: Öfen, Pfannen, Kessel, Gewichtssteine, Spaten, Hämmer und Ambosse. Mein Urgroßvater, jüngster von vier Söhnen, war begabter als seine drei Brüder, deshalb wurde gespart, damit er die Lateinschule besuchen konnte. Nachdem sich herausstellte, dass er ebenso musikalisch talentiert war, schickte man ihn auch regelmäßig zum Musikunterricht. Doch seine Eltern konnten, trotz einer florierenden Hammerschmiede, das Schulgeld schon bald nicht mehr zahlen, und mein Urgroßvater kehrte widerwillig in seine Heimat zurück, merkte aber schon auf der Türschwelle, dass es ihm unmöglich war, ein Leben in den engen Gassen eines Dorfes zu führen. So nahm er schweigend seine Laute und verabschiedete sich von den Eltern.

Er wanderte über mehrere Grenzen am Rhein entlang, erreichte als wandernder Sänger mit Laute schließlich die Stadt Köln. Mönche wurden auf ihn aufmerksam und vermittelten ihm eine Stelle als Erzieher beim Freiherrn zu Baumbach. Fortan beschäftigte sich mein Urgroßvater in jeder freien Minute mit der Luftelektrizität und der Wetterkunde und hier im Besonderen mit der atmosphärischen Energie. Dabei las er in alten Büchern, dass um das Jahr 1170 vor Christus am Tempel zu Theben vergoldete Masten angebracht waren. Er vermutete in dieser Vorrichtung die Funktion eines Blitzableiters und wagte dann das kühne Experiment: Er leitete während eines Gewitters mittels eines Drachen, an den er einige Schlüssel gebunden hatte, einen Blitz zur Erde ab und erkannte dessen Geheimnis, schmiedete eine Stange, die außen am Haus entlang geleitet wurde, und verband diese mit einem waagerechten Strahlenkranz. Der fünfzackige Blitzableiter, genannt Fünfzack war erfunden. Bald schrieb er ein Buch, in dem er sein Experiment detailliert vorstellte, was allerdings dazu führte, dass er seit Erscheinen dieser Seiten auf der Flucht war. In einem Tagebucheintrag schrieb er diese Zeilen nieder:

An meinen Lederstiefeln streift ein eiskalter Wasserstrom entlang. Schlamm unter meinen Sohlen erschwert den Gang. Regen drückt meinem Gesicht eine frostige Maske auf, während ich mich durch den Hohlweg weiter vorwärts kämpfe.

Mein Urgroßvater war ein Erfinder, doch wenn er seine Hemdsärmel hochkrempelte, war er fest entschlossen, wie ein Ringer vor dem Kampf.

Mein erster Kampf war meine Geburt, ein Überlebenskampf, bei dem selbst die erfahrene Hebamme des Nachbarortes mich schon längst aufgegeben hatte. Eine Zangengeburt, damals mit den einfachsten Mitteln ausgeführt, verhalf mir schließlich doch das Licht der Welt zu erblicken. Schon nach wenigen Monaten verhexte eine Muskelschwäche meine Augäpfel, sodass diese in unterschiedliche Richtungen blickten, was mir später bei meinen Mitschülern in der Lateinschule den Spitznamen Thunfisch einbrachte. Meinen Lehrern bereitete ich anfangs nur wenig Freude, denn ich weigerte mich das Alphabet zu erlernen, malte viel lieber apokalyptische Episoden: Sonnen, die auf Planeten fallen; meterhohe Wellen, die Segelschiffe auf dem offenen Meer in Bedrängnis bringen; Armeen, die in Städte einfallen und sie verwüsten. Deshalb musste ich regelmäßig auf dem ausgestopften Esel im Klassenzimmer sitzen und das Gespött meiner Mitschüler ertragen: eine Strafmaßnahme für Schüler mit Sturkopf.

Er hätte durchaus auf die schiefe Bahn geraten können, entwickelte jedoch einen unbändigen Drang nach Kreativität und Wissen. Eine Forschernatur schon als Kind, dessen Erfindungsreichtum seine Mitschüler wahrscheinlich beeindruckte.

Ich arbeitete sieben Tage die Woche, zwölf Stunden am Tag – immer vertieft in zahlreiche Lehrbücher der Naturwissenschaften. Ich rang in der

Lateinschule um mein Leben, die Sportart des römischen Ringkampfes verschaffte mir bei meinen Mitschülern Respekt.

„Vorwärts!", hämmert es in meinem Schädel. *„Schritt für Schritt! Vorwärts!" Hastiges Ein- und Ausatmen hebt und senkt meinen Brustkorb.*

Urgroßvater konnte nie länger an einem Ort bleiben. Und so verschlug es ihn irgendwann auf seiner Flucht nach Süden in die Berge.

Immer wieder rollt ein Donner von den Berggipfeln zum Tal. Sekundenlang glühen Blitze am Himmel. Das aufflammende Licht zeigt mir, wie weit ich durch das eisige Wasser waten muss, ehe ich Dünzelbach erreichen werde. Dieser Ort liegt nahe einer Moorlandschaft am Fuß der Berge. Vor Jahren haben hier Siedler Teile des Moorbruchs trockengelegt, denn immer wieder verschluckte die dunkle Suppe Tiere, die sich im Dunkeln verirrten. Es wird erzählt, dass einmal eine Pferdekutsche mit Mann und Maus versank. Mütter warnten damals ihre Kinder vor dem Hakenmann, der, wenn sie in die Nähe des Moores kämen, sie mit seinen Fangarmen hineinzöge. Diese Warnungen zeigten Wirkung, denn kein Kind wagte sich, das Dorf auf eigene Faust zu verlassen. Selbst Jugendliche überfällt heute noch ein Schauer, wenn sie die Dorfgrenze überschreiten.

Nach Stunden klopfe ich völlig durchnässt an die Eichentür des Gasthauses Zum Alten Wirt. „Sie kommen spät", stellt der alte Wirt vorwurfsvoll auf der Schwelle stehend fest. „Ja, das Wetter. Heute ist mir keiner wohlgesonnen", blaffe ich ihn an. „Sie haben doch ein trockenes Plätzchen für mich?", frage ich voller Ungeduld. „Sie haben meine Nachricht doch erhalten?"

Urgroßvater ließ sich nicht gerne vorschreiben, was er denken sollte. Die einen hielten ihn deshalb für einen Spinner, andere wiederum sahen in ihm einen Ketzer, der die frommen Leute in die Irre treibt. Die gelehrten Kirchenmänner stritten sich wegen seiner Schrift, die er herausgebracht hatte: *„Beweis, dass das Glockenläuten bei Gewitter mehr schädlich ist als nützlich".*

Damals war es üblich, bei Unwettern die Kirchenglocken zu läuten, um erstens vor Gefahren zu warnen und zweitens Blitz, Hagel und Donner mit der Kraft des Himmels zu vertreiben. Die Menschen waren überzeugt, dass, wenn sie die Glocken erklingen ließen und dazu ausreichend viele Gebete zu Gott oder der Jungfrau Maria schickten, sie unter deren Schutz stünden. Mein Urgroßvater vertrat die Meinung,

Franz Oberhofer: *Der Erfinder*

dass es besser wäre, auf jedem Hausdach seinen Fünfzack zu installieren. Kleriker, Bürger und Bauern lehnten diesen Gedanken entschieden als Gotteslästerung ab. Blitz und Donner seien schließlich ein Strafgericht Gottes – den Menschen bliebe nichts anderes übrig, als den zornigen Gott mit Glockengeläut und Bittgebet zu besänftigen. Sein Blitzableiter, warfen sie ihm vor, locke das Unheil doch regelrecht an.

Anfangs führte ich in Dünzelbach als Fremder ein unauffälliges Leben. Die Bewohner nahmen kaum Notiz von mir. Mein bescheidenes Zimmer beim Alten Wirt liegt mitten im Ort. Aus meinem Fenster sehe ich den rostigen Eisenzaun um Zöllners Anwesen. Zöllner ist Dünzelbachs Schultheiß. Am Ende seines Gartens stehen dichte Hecken vor einer uralten, im Zerfall begriffenen Mauer. Über die efeubewachsenen Sandsteine hinweg kann ich bei gutem Wetter die Berge sehen. Oft sehne ich mich nach den Gipfeln und Tälern in der Ferne, sie erinnern mich an Wanderungen, die ich mit Vater als kleines Kind unternahm. Der Himmel über Dünzelbach ist oft wie von einem dunklen Mantel verhangen. An solchen trüben Tagen sitze ich in meinem Turmzimmer beim Alten Wirt, male mit dem Zeigefinger kleine Spiralen an die beschlagenen Scheiben, wische sie mit meinem Hemdsärmel frei, blicke aus dem Fenster und bilde mir ein, die Kälte durch die verschlossenen Haustüren kriechen zu sehn. Tagelang Nebel. Feuchte Hemden und Hosen. Tropfende Nasen. Husten. Nur ein knisterndes Holzscheit im Ofen, vermag in den eigenen vier Wänden eine wohlige Wärme zu verbreiten.

Hier kommt von den Bergen oft ein eisiger Wind, der die Gespräche auf den Türschwellen erschwert. Und vielleicht war das der Grund, dass ich lange Zeit unerkannt blieb. Die Menschen kriechen wie Mäuse in ihre Löcher und träumen von besseren Zeiten. Die Alten erzählen von diesen besseren Zeiten, wissen aber nicht, warum sie besser gewesen sein sollten, wünschen sie sich dennoch wieder herbei. Aus reiner Gewohnheit grüßen die Leute die Fremden in den engen Gassen. Irgendwann versucht man, mich einerseits zu übersehen und andererseits genau zu beobachten. Leute drängen den Schultheiß, mich im Auge zu behalten. Dann kommt es eines Abends zu dem Vorfall: Einige junge Männer stehen vor dem Rathaus. Nebelschleier verbergen Häuser und Wege.

Verkrampft halten sie dicke Knüppel in ihren Händen. Sie geben sich fest entschlossen. Schemenhafte Statuen im Nebel, Krieger aus einer längst vergangenen Zeit. Sie warten auf ein falsches Wort, eine Geste – irgendein Signal, um endlich losschlagen zu können. Ich bewahrte Ruhe. Es fiel mir schwer. Diese Ruhe muss auf die jungen Männer wie eine Provokation gewirkt haben, denn plötzlich stürmen sie auf mich los. Wieder auf der Flucht. Vor jungen Männern, Kindern eigentlich, die dabei sind, Gedanken ihrer Eltern in konkrete Taten umzusetzen: Was will der hier? Gehört der hierher? Der bringt unsere Kinder auf dumme Gedanken! Raus mit diesem Gesindel! Raus! Treibt ihn aus dem Dorf!

Hinter mir höre ich Stiefel im hastigen Laufschritt. Je weiter ich laufe, desto mehr fühle ich mich wie ein gehetztes Wild, fühle die dumpfen Schläge meiner Jäger bereits auf meinem Körper. Schutz suchend steuere ich auf das alte Gasthaus zu. Ich trommele panisch mit den Fäusten gegen die dicke Eichentür. Ich stehe auf der Schwelle, als der alte Wirt mit betonter Ruhe öffnet. Ohne seinem Gesicht irgendeinen Ausdruck zu verleihen, baut er seinen mächtigen Körper vor den vermummten Schlägern auf und spricht mit fester Stimme: „Der ist mein Gast! Der zahlt mir gutes Geld! Den lasst ihr in Ruhe! Macht, dass ihr nach Hause kommt!“

Tags darauf klage ich dem Bürgermeister, dass ich in Dünzelbach wohl um mein Leben bangen muss. Der Vorsteher einer Gemeinde müsse sich doch um das Wohl aller Bürger kümmern. Zöllner blickt mich mit wässrigen Augen an und sagt nur beiläufig, kaum hörbar: „Nimm das nicht allzu ernst. Unsere Kinder sind doch keine Schläger. Die wollten dich doch nur erschrecken. Der Pfarrer, der mir beim Kirchweihfest auf dem Marktplatz begegnet, zerrt mich in einen Hauseingang und starrt mir in die Augen. Er beschwört mich. Flüstert angestrengt: „Keiner der frommen Leute hier kann verstehen, dass du weder Gott noch Teufel fürchtest. Die widerliche Schrift, die du verteiltest, entsetzt die Leute hier. Weißt du, wie deine Erfindung hier genannt wird? Satansstange nennen sie deine Entdeckung! Stumme Glocken bei Blitz und Donner heißt, dass wir nicht auf Gott in unserer Not vertrauen! Gotteslästerung im Grunde! Sollen wir denn nicht mehr auf die Kraft des Himmels setzen? Der da oben“, und er deutet mit seinem Finger magisch zum Himmel, „weiß schon, was gut für uns ist“.

„Ja“, erwidere ich und kann mir ein leises Grinsen nicht verkneifen, „der hat nichts Besseres zu tun, als bei jedem Glockenschlag die Menschen vor Unwettern zu retten. Hochwürden, wenn wir ihrem Glauben folgten,

dann dürften wir auch keine Dämme bauen, weil Gott die Deichbewohner schützt, wenn sie nur glauben und beten. Warum aber bauen wir seit Jahrhunderten Dämme?"

Der Geistliche, dem kein Gegenargument einfällt, weicht zurück und flüstert nur noch eindringlicher: „Was bist du doch für eine arme Kreatur. In deinem Studierzimmer fehlt dir das Leben. Da fehlt ein Ohr, das dich hört, ein Mund, der zu dir spricht. Du bist allein. Und allein sein ist nicht gut!"

Die Worte schneiden in meine Seele. Denn tatsächlich fühle ich mich oft einsam, sitze am liebsten in meinem Turm und studiere. Keinem Menschen und keinem Gott Rechenschaft schuldig. In den Abendstunden, nach langem Tagwerk bin ich einsam wie ein alter, grauer Wolf, der sein Rudel verlassen hat, und dann flüstere ich es wie ein Gebet, um mich selbst zu trösten: Ich bin zwar allein aber frei. Die einfachen Leute sind doch von tiefem Aberglauben geprägt.

Immer wieder hatte mein Großvater das Experiment mit Schlüsselbund und Drachen vor Augen, wenn sich eine Gewitterfront, von den Bergen kommend über dem Dorf formierte. Sein Verstand sagte ihm, dass, wenn die Kirchenglocken läuten, der Blitz sich die höchste Erhebung sucht und sein Ziel in diesen bewegten Metallkörpern fände. Sein Fünfzack hingegen, finge den Donnerstoff auf und leitete ihn durch einen Kanal unter die Erde. Die Naturkräfte brächte er unter Kontrolle, sodass niemand zu Schaden käme.

Jeden Tag höre ich ein Stimmengewirr von Leuten, die für meine Erfindung nicht zugänglich sind. Sie sind der Meinung, dass sie keinen Fremden brauchen, der ihnen erklärt, wie sie zu leben und was sie zu glauben haben. Nach den eindringlichen Worten des Pfarrers stand ich auf der Straße und sah Männer und Frauen, die grau bemäntelt, durch die engen Gassen schlichen. Keine Menschenseele schaut mir jetzt noch in die Augen, und dennoch fühle ich mich beobachtet. Vielleicht bilde ich mir die stechenden Blicke der Leute hinter meinem Rücken doch nur ein. Langsam verliere ich die Fähigkeit, die Umstände richtig einschätzen zu können. Zorn steigt regelmäßig aus meiner Magengegend auf und legt sich wie eine Hand um meinen Hals. In meinem Turmzimmer angekommen stelle ich voller Entsetzen fest, dass die Punzenscheiben zersplittert sind.

Steine liegen auf dem Fußboden, Zeugen des Hasses. Ein Geschoss ist in Papier eingeschlagen. Gedankenverloren betrachte ich die Kugel, falte das Blatt auf, streiche es glatt. Die Worte darauf, in krakeliger Schrift, treffen mich wie ein Fausthieb: „Du sollst krepieren, elender Ketzer!" Ich wiege den Stein in meiner zitternden Hand, als ob ich den Hass gegen mich auf diese Weise einschätzen könnte. Es drängt mich hinaus auf die Straße.

Dieser Abend ist dunkler als jeder Abend zuvor. Die Nacht kam früh. Mauern, Zäune und Absperrungen um die Häuser und Anwesen sind kaum noch sichtbar und dennoch existieren sie. Fremde laufen Gefahr, sich anzustoßen, sich zu verletzen, zu stürzen, weil sie sich nicht genügend auskennen. Sturm kündigt sich an. Regentropfen benetzen unbemerkt schon die grauen Dächer. Ich renne zum Schacht des alten Bergwerks und erinnere mich an meine alte Heimat. Hagelkörner trommeln wie Geschosse gegen meine Stirn. Von den Bergen grollt ein Donner wie aus einer tiefen Höhle. Dann erhebt sich ein Unwetter. Regengüsse stürzen nieder. Blitze entladen sich, durchkreuzen den Himmel. Donner lässt mich immer wieder aufschrecken. Die Vögel sind verstummt. Nur der Atem einer höheren Macht scheint über die Dächer zu gehen.

Mühsam kämpfe ich mich vor und erreiche die Höhle. Klitschnass. Die Kleider kleben am Körper, liegen schwer auf meinen Schultern. Ich zittere. Außer Atem gehe ich ins Innere und betrete eine andere Welt. Die Wände nehmen dem murrenden Donner den metallischen Unterton. Hier ist es friedlich. Die Felswände glitzern an einigen Stellen. Ich fühle mich im Erdinneren geborgen. Doch die Ereignisse der letzten Tage lassen mir keine Ruhe. Ich blicke durch eine kleine Felsöffnung hinaus in die Nacht, wie durch ein Fenster. Bizarre Figuren formen sich vor meinen Augen. Kryptische Zeichen, wie von einer fremden Zivilisation geschaffen. Wasser tropft vom Gewölbe in winzige Aushöhlungen am Boden. Über Jahrhunderte haben hier Wassertropfen geduldig am Stein genagt und kunstvolle Miniaturlandschaften geschaffen.

Der Geruch des feuchten Gesteins trägt meine Gedanken in meine Kindheit zurück: Mein Traum, ein Bergsteiger zu werden. Wann verlor sich mein Glaube an eine höhere Macht? Immer wieder frage ich, ob dieses Leben richtig ist. Ich zweifle. Hatte der Pfarrer doch Recht? Ich fühle mich wie ein vergessener Vogel über dem Meer.

Draußen rast der Sturm weiter. Das einsetzende Glockengeläut klingt lächerlich. Der Turm in der Ortsmitte muss jetzt wohl ein verzweifelter Leuchtturm inmitten der Brandung sein. Grelle Blitze zersplittern Wald und Felder. Donner dröhnt durch die Nacht. Dann ein prasselnder Blitz. Kurze Stille. Wieder Donner. Flammende Zacken zerreißen den Himmel. Ich höre den Wind um die zerklüfteten Felswände pfeifen. Bin ich seit ewigen Zeiten in diesem Fels? Ich frage mich, ob Stunden, Tage, Monate oder gar Jahre vergangen sind? Existieren die Menschen noch, mit denen ich mich eben noch stritt? Fragen über Fragen. Doch die entscheidende Frage ist, ob ich Dünzelbach verlassen sollte?

Der Wind legt sich. Seltsame Ruhe. Ich verlasse die Höhle und atme die Frische, die der Regen über die Landschaft brachte. Ich will zum Alten Wirt zurückkehren, doch das Haus steht lichterloh in Flammen, die tauchen den Ort in ein romantisches Licht. Erschreckend schön. Ich kann nur ahnen, was meine Seele froh macht. Ist es die Wärme auf meinem nassen Gewand?

Plötzlich ein Hufschlag. Ein Reiter kommt aus der Dunkelheit. Schwarzes Zaumzeug, schwarzer Sattel. Scheuklappen in der Nacht? Der Reiter steigt hastig ab. Er trägt einen grauen Mantel, der ihn in der Dunkelheit fasst verschwinden lässt. Seine Stimme überschlägt sich: „Der Lehrer ist im Kirchturm gefunden worden!“ Eine Atempause, in der er nach Luft ringt. „Er ist gefunden worden! Tot!“, wiederholt er. „Vom Blitz getroffen!“ Zöllners energische Stimme aus dem Nichts. Schweigen. Ich starre auf Zöllners Kragen. Gestrickte Schafswolle. Aus seinem Mund strömen kleine Wolken, die in der kalten Abendluft schweben und sein Gesicht verbergen.

Der tote Lehrer. Seine Hände halten noch krampfhaft den verkohlten Strick, der mit den Glocken verbunden ist. Sein Körper ist zu einer schwarzen Masse geschrumpft.

Zöllner setzt sich wieder auf, sein Körper taumelt, sein Sattel aber gibt ihm Halt. Aufrecht steht sein Pferd, eine majestätische Statue in der Nacht. Die Last des Mantels drückt leicht auf seine Schultern. Der Wind bläst in sein glühendes Gesicht.

Mein Urgroßvater verlässt Dünzelbach am nächsten Morgen. Für immer. Sein Fünfzack-Blitzableiter und später noch zahlreiche andere Erfindungen, setzen sich schließlich gegen alle Widerstände durch. Sie wurden so selbstverständlich, dass keiner mehr darüber spricht.

Franz Oberhofer

meisterschüler

bevor die ersten lider sanken
im möwenflug ein meister ging
spinnen an den netzen ranken
die sonne nur am faden hing

funken sprühen noch im sinken
feines tuch auf den gesichtern
an müden monden sich betrinken
bis zum rauschen irrer lichter

torlos sperrt sich tor auf tor
nachtverklärter niemandsraum
fäden schnurren wort für wort
          hervor
dann reißt der urgrund
alle zweifel
      fort

Hannelore Warreyn

Bilanz

Es ist wahr,
sagt das Gedächtnis.
Nichts ist, wie es war.

Es ist endgültig,
sagt das Gemüt.
Nichts war, wie es ist.

Günter Bohn

Gehaucht

Erst mächtig und am Ende
wird es stiller und stiller.
Wichtiges gibt sich bescheiden,
kaum hör- oder riechbar,
farblos, scheinbar gefühlsarm,
besitzlos und an keine Kaste
oder Sprache gebunden.
Das Erste und Letzte
was dem Menschen sein
Menschsein verleiht.

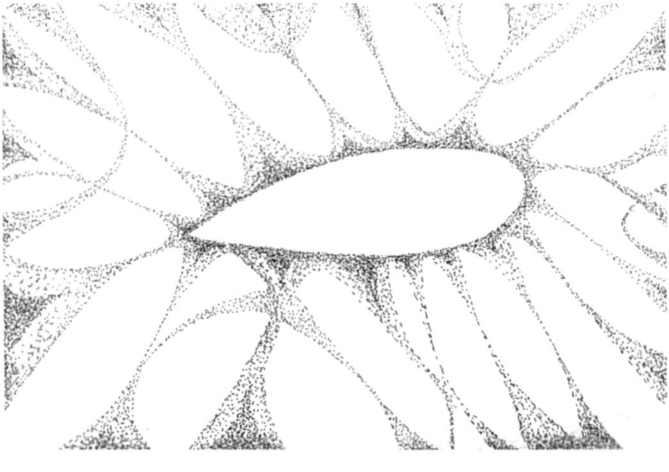

Günter Bohn: *Odem*

Gott und die Welt

Günter Bohn: *Bin umgezogen*

Als Gott uns den Verstand gab, rechnete er auch mit Missverständnissen – und gab uns zusätzlich die Einfalt. (MD)

Joachim Giebelhausen

Die Alternative

Um wichtige Termine nachzulesen und diese nicht zu vergessen, dazu sind kurze Notizen oder auch nur Stichwörter sehr wichtig. Auch der LIEBE GOTT macht sich immer Notizen zur Erinnerung. Neulich hätte er doch beinahe vergessen, den Adam zu schaffen. Aber zufällig fand ER dann doch noch den Zettel an seiner Pinnwand mit dem Hinweis: „Adam erschaffen. Nicht vergessen!"

Und somit setzte sich GOTT VATER hin und schuf ein Gebilde, das wenig später aber völlig aus dem Ruder lief und so viel dummes Zeug anrichtete, dass es ihm, GOTT VATER, schließlich leid tat, dieses Monstrum gemacht zu haben. Aber dass er nun einfach dieses Machtwerk zertrümmerte, das konnte er sich als höchste Hierarchie nun auch nicht leisten. Schließlich ist GOTT ein Schöpfer und kein Vernichter! Du lieber GOTT!

Also blieb er – kraft seines Amtes – kreativ wie bisher und schuf einfach noch ein zweites Wesen. Dabei bekam der liebe GOTT so richtig Spaß an seinem Schöpfertum und an seiner Einmaligkeit. Er konnte gar nicht genug kriegen an diversen Einfällen und Variationen, um diesem misslungenen Adam etwas völlig Überarbeitetes entgegenzusetzen. Sozusagen ein Gebilde ohne die vielen Fehler, die der nun einmal vorhandene Prototyp Adam besaß. Und diesem neuen Geschöpf aus seiner Werkstatt gab er auch sogleich einen Namen: EVA (= Eventuelle Alternative).

Sein Adam würde Augen machen, wenn er dieser Vollkommenheit, die GOTT VATER geschaffen hatte, gegenüberstehen würde!

Klaus Köhler

Fensterklopfer

Schon wieder eine Strafarbeit! Sie mussten die 10 Gebote aufschreiben. Nicht nur die Gebote, sondern auch die Erklärungen, die nach dem „Was ist das?" folgten. Der Pastor hatte im Konfirmandenunterricht abgefragt. Einige hatten zu wenig gewusst. Darunter war diesmal auch Bendix.

Er tat sich mit zwei Jungen aus der Nachbarschaft zusammen, um den Pastor mal richtig zu ärgern. Man beschloss, in der herbstlichen Abenddämmerung bei ihm an ein Fenster zu klopfen und sich dann rasch zu verstecken. Vorher wurde bei Tageslicht vorsichtig die Umgebung des Hauses erkundet. Im Garten gab es etwas entfernt vom Haus zwei kurze Hecken und einige Büsche. Der Fluchtweg nach dem Klopfen wäre etwas schwierig geworden, weil sie auch noch über Beete springen müssten.

Was wäre denn einfacher? Da sahen sie, dass das Dach des Hauses einen halben Meter von der Mauer entfernt endete und die Dachrinne an mehreren aus der Mauer ragenden Eisenstangen befestigt war. Das Fenster zum Arbeitszimmer des Pastors führte zum Garten.

Bendix machte einen Vorschlag. Er bot an, seine Drachenleine zu verwenden, davon etwa die Hälfte abzurollen und einen kleinen Stein an das Ende zu binden. Einer musste dann den Stein über eine der Eisenstangen vor dem Fenster werfen, während die anderen zwanzig Meter weit entfernt die Schnur hielten, die man vorher noch über zwei höhere Baumäste geführt hatte. Der Stein sollte durch kurzes, mehrfaches Ziehen an der Leine in Schwingungen gebracht werden und dadurch ans Fenster klopfen. Das war also der Plan.

Das hörte sich gut an. Aber wenn der Stein eine Fensterscheibe zerschlug? Das durfte nicht sein! Was war zu tun? Bendix dachte mit den anderen über eine Lösung des Problems nach und hatte plötzlich eine Idee. Was wäre, wenn man statt des Steins eine Kartoffel nähme? Das war es! Bendix würde auch noch eine längliche Kartoffel besorgen.

Nach dem Abendessen trafen sich die drei Jungen, um ihren Plan auszuführen. Die Schnur, an der die Kartoffel befestigt war, wurde über die Äste geführt, wobei die Kartoffel jeweils hinübergeworfen wurde und die Schnur nach sich zog.

Der Größte der drei nahm die Kartoffel und schlich unter das Arbeitszimmerfenster des Pastors. Drinnen sah er niemanden. Er richtete sich auf und warf die Kartoffel über eine Eisenstange, die genau über dem Fenster aus der Mauer hervorstand. Nun lag die Schnur darüber, zwischen Dachrinne und Mauer. Als alle drei im Schutz einer Hecke beisammen waren, ging im Zimmer das Licht an. Man konnte vor dem erleuchteten Fenster die Kartoffel hängen sehen.

Bendix, der die Schnur hielt, ruckte daran und ließ wieder etwas nach. Das wiederholte er mehrmals und erreichte damit, dass die Kartoffel ins Schwingen kam. Und dann war es soweit. Man konnte ein leises Bum ... Bum hören. Die Kartoffel klopfte ans Fenster, und das mehrmals. Die Jungen sahen, dass der Pastor aufstand und ans Fenster trat. Bendix hatte rechtzeitig langsam an der Schnur gezogen, so dass die Kartoffel nun dicht unter der Dachrinne hing. Der Pastor schaute durch das Fenster nach draußen. Er sah natürlich niemanden und auch nichts, das vor dem Fenster hing, und ging zurück zu seinem Schreibtisch.

Die Klopferei wurde noch dreimal wiederholt. Dann öffnete der Pastor das Fenster und schaute draußen nach allen Seiten. Als er wieder nichts sah, brummte er etwas, schloss das Fenster und setzte sich erneut an seinen Arbeitsplatz.

Man klopfte nun noch einmal, wobei die Kartoffel dreimal das Fenster traf. Das war dem Pastor wohl zu viel. Er kam eilig aus dem Haus und suchte vor seinem Fenster etwas umher.

Mittlerweile war es schon recht dunkel geworden. Als er sich abwandte, sagte der Pastor laut: „Verfluchte Bande! Wenn ich euch nur zu fassen kriege!“ Da staunten die Jungen aber: Der Pastor hatte geflucht! Er, der das Fluchen immer als ungehörig, gar als Sünde bezeichnete!

Die Burschen hatten Mühe, sich ihr Lachen zu verbeißen. Ihr Plan war hervorragend gelungen. Weil sich aber keiner traute, zum Haus zu gehen, um die Kartoffel von der Schnur zu lösen, zog Bendix mehrmals ruckartig daran. Das hatte zur Folge, dass die Kartoffel gewissermaßen durchgeschnitten wurde. Man holte die Leine ein, wobei der Knoten noch kurz an den Ästen hängen blieb.

Als die drei weit genug entfernt waren, konnten sie endlich richtig laut lachen. Eine Schwierigkeit gab es aber noch. Sie konnten bei den anderen Schülern nicht mit ihrer Tat angeben, aus Angst, dass jemand sie beim Pastor verpetzen würde.

Otto J. Stedele

Ein kleines (gemeines) Weihnachtsgedicht

(hochdeutsch/lechrainisch/bayerisch)

Knecht Ruprecht

Aus'm Dienhauser Forschd komm ich gegangen,
da riachd's nach Weihnacht und's schneibt schò seit Langem.
Auf die häächschda Dannàschbizza
siechd mà scho goułdiigi Liàchdlin blizza.

Mid groàßi Ougà von Himmłshaus
schaugd's Chrischdkindlà bein Dullà naus.
„Knecht Ruprecht," schreit's, „fuàßfaulr Barawr,
mach dich auf die Socken! Und kuà Wenn und kuà Awr."

Die Kerzen brennen und d'Leid kinnà hoffen,
das himmlische Tor ist sperrangelweit offen.
Den Jungen und dià ganz ałdà Drutschà
kaà iatz die ganz Woułd 'n Buggl naarutschà.

Und morgen kimm I za enk naa auf Bayern,
do gibts znooch a Gaudi bejn Weihnachten Feiern.
Do hou i naufgschrià gei gradnaus und offà:
„Liabs Chrischdkindl, i maag partaut nimmr lòffa.

I gää blos nou zo di Landschbourgr schnouł,
bał i ihri Kindlein was schenkà souł.
lch weiß blos idd und's werd allàwall minder:
Wo find I bei dejni nou *christbravi* Kindr?"

Claire Guinin

Eine Weihnachtsgeschichte

Bei der ersten Nachkriegs-Weihnachtsmesse 1945 zur Mette nahm ich an einem geschichtsträchtigen Ort in München teil. Die Wahl fiel, eigentlich aus der Not heraus, auf die „Alte Sendlinger Kirche" und nicht auf die eigentliche Pfarrkirche „St. Margaret". Diese hatte zwar den Krieg einigermaßen gut überstanden, aber benutzbar war sie nicht.

Der alten Sendlinger Kirche gegenüber, am Beginn der Lindwurmstraße stadteinwärts, steht das „Schmied von Kochel"-Denkmal. Die Figur bildet eine Legende ab, es gibt keinen Beweis für eine tatsächliche Existenz. Aber als Symbol für die grauenvolle Bauernschlacht an dieser Stelle, am Sendlinger Berg, wurde er für die Menschen zur realen Geschichtsfigur, und noch heute wird jedes Jahr das Gedenken an ihn und den Bauernaufstand im Spanischen Erbfolgekrieg begangen.

Die „Sendlinger Mordweihnacht" von 1705 ging als solche in die Geschichtsbücher ein. Und hier fand, genau 240 Jahre später, die erste Christmette nach einem unvergleichlich entsetzlicheren Abschlachten im Zweiten Weltkrieg statt. Es ist nicht verwunderlich, dass diese Tatsache, dieser Ort die Dramatik in kaum beschreibbarer Weise steigerte.

Die kleine Kirche glich eher einer Kapelle und war gar nicht in der Lage, den Besucherstrom aufzunehmen. Immer mehr Menschen näherten sich in der Dunkelheit, bis der Vorplatz und der gesamte Friedhof, zwischen den Gräbern und bis hinaus auf die Straße, dicht gedrängt mit einer sehr, sehr stillen Menschenmenge gefüllt war. Natürlich gab es damals keine Leinwandübertragung, wie heutzutage üblich, wo sowas dann „Event" genannt wird. Auch keine Festbeleuchtung. Nur ein kleiner Christbaum spendete etwas vertrautes Licht. Für uns aber war es tatsächlich eine Festbeleuchtung. Denn nach den langen Jahren im doppelten Sinne schrecklicher Finsternis durfte im Freien ein Christbaum leuchten.

Ein kleiner Lichtstreifen fiel durch die geöffnete Kirchentür. Man war bemüht, den Gottesdienst wenigstens akustisch nach draußen zu tragen. Man hätte die sprichwörtliche Stecknadel fallen hören.

Und dann, dann begann das Weltenlied „Stille Nacht, heilige Nacht". Ganz leise wuchs es raus zu uns, und ganz leise, zaghaft, fielen wir mit ein in den Gesang. Immer wieder versagte die Stimme. Die Gefühle waren zu überwältigend. Auch für uns Junge, die wir doch eigentlich im übermütigen „Backfisch"-Alter waren.

Natürlich waren es überwiegend Frauen, die anwesend waren. Welche und wie viele Männer hätten denn Ende 1945 schon hier dabeisein können? – Aber sie waren dabei! Alle! Die Vermissten, die Gefangenen, die Gefallenen. Wohl niemand, der bei diesem Gottesdienst in der Kälte der Winternacht stand, war ohne Verlust durch die Kriegszeit gekommen. Der zutiefst berührende Gesang wurde von herzerbarmendem Schluchzen begleitet.

Ob es einen Sternenhimmel gab in dieser unbeschreiblichen Nacht? Ich weiß es nicht mehr. Eines weiß ich aber sicher: Diese für mich erschütterndste „Heilige Nacht" gab es so nicht davor und nie mehr danach. Und ich wünsche mir innigst: hoffentlich auch nie wieder!

Schicksalhaft Elementares hat aber bei aller Dramatik ebenso eine eigene, erhabene Schönheit. So ist mir auch von dieser Empfindung noch etwas im Gemüt geblieben. Ich bin überzeugt, dass sich damals diese leidgeprüften Menschen wenigstens vorübergehend getröstet auf den Heimweg machten. Die letzten Klänge des Weihnachtsliedes hatten ein wenig Hoffnung im Nachklang.

Gesegnete Weihnachten!

Lore Kienzl

Weltverloren

Hohe Himmel – weltverloren,
dankbar, weil so erdenfern,
nur für Götter auserkoren,
deren Sitz ein andrer Stern.

Heiß und hilflos die Gedanken,
die im dunklen Innern ruhn.
Alles, alles kommt ins Schwanken,
was wir Erdenbürger tun.

Möcht am fernsten Himmelsrand
sich ein einz'ger Funke zeigen,
dann greif zu mit schneller Hand
und nenne dies Glück dein Eigen!

Claire Guinin

Himmel – Wasser – Erde

Über allem der Himmel... Himmelsmacht heißt es nicht von ungefähr. Das Wasser fließt von oben zur Erde. Die Erde nimmt das Licht, das Wasser in sich auf und Wachstum beginnt. Ein schöpferischer Vorgang.

Der Himmel – das Geistige.
Das Licht, das Wasser – das Nährende.
Die Erde – die Gedeihende.

Dazu kam mir eine Parallele in den Sinn: Das ist auch eine Art „Dreifaltigkeit".

Durch diese bekommen wir, die Nutznießer dieses Zusammenwirkens, die Möglichkeit einer Existenz auf dieser Welt. Alle drei Kräfte bringen – ohne Rücksicht darauf, was nach unserer Auffassung vom Dasein sein soll und was besser nicht – nicht nur Segen, sondern auch Zerstörung und Leid.

Da bricht dann das große Wehklagen an: „Wie nur kann Gott das zulassen?"

Die Schöpfung kann. Kann alles zulassen! Im kosmischen Zusammenhang stellt sich nicht die Frage, was wir, die im Universum unbedeutenden Wesen, für gerecht oder für ungerecht halten. Ein Restgespür für diese alles bestimmende Ordnung scheint noch in uns zu sein. Durch Naturkatastrophen ausgelöste Desaster werden nämlich eher als naturbedingt oder gottgegeben hingenommen.

Dagegen kommt bei den von unserer eigenen Gattung ausgelösten Zerstörungen prompt, in kleinlicher Menschenart, eine Schuldzuweisung an jemand anderen, an etwas Übergeordnetes. Der Versuch, vom eigenen Versagen abzulenken, soll's wohl richten und dadurch vielleicht das Leiden und die Verluste erträglicher machen. Viel angebrachter wäre jedoch dann, gerade dann, einerseits demütiges Annehmen und reuige Einsicht andererseits. Besonders letztere könnte möglicherweise ein Weg sein hin zum besseren Verstehen des allumfassenden Kreislaufs von Werden und Verderben. Könnte Hoffnung aufzeigen auf einen sorgfältigen Umgang mit den gegebenen Möglichkeiten und Konsequenzen daraus.

Leider kann aber davon seit Menschengedenken bis zum heutigen Tag keine Rede sein. Es änderte sich nur die Technik und damit das Ausmaß unseres zerstörerischen Einflusses auf das geschenkte, auf das nur geliehene Wunderwerk Erde.

Aber was tun wir? Wir nennen uns mit dummer Überheblichkeit „die Krone der Schöpfung"!

Gerwin Degmair

Der Teufel soll uns holen!

Wenn „Mutter“ man zur Erde sagt,
so wie uns das seit je behagt,
die Frage auf den Nägeln brennt,
ob sie denn keinen Mann erkennt?
Ist sie insoweit resistent,
vielleicht auch nur zu indolent?

Lebt etwa sie von ihm getrennt?
Wie lange schon? Und konsequent?
Ist etwa sie so dekadent,
dass sie erotisch abstinent
als Single durch das Weltall rennt?

Der Mars, erklärt sie vehement,
war ihr schon bald zu renitent
und Jupiter gar impotent,
drum kam’s hier nie zum Happyend.

War niemand sonst so prominent,
dass seine Werbung effizient
beendet hätte diesen Trend?
Die Chance hat, scheint es, permanent
der Mann im Mond total verpennt.
Dabei wär er, den sie gut kennt,
als Nachbar doch so kompetent!

Gibt’s aber nicht ein Dokument,
in dem ein Mann sich „Vater“ nennt,
und zwar vom ganzen Firmament?
Hier stutzt man schon, so im Moment:
Ob da vielleicht was lief, am End?!

Doch angesichts solch platter Frage
klärt sich noch nicht die Ausgangslage
zu der gestellten Eingangsfrage.
Es wird allein nur transparent,
dass niemand offen sich bekennt!

Nun steht sie da, schon ziemlich alt
und völlig ohne Unterhalt.
Sie ist auf sich allein gestellt
und kriegt noch nicht mal Kindergeld,
doch auch der Kinder Riesenzahl
wurd' ihr schon längst zur Riesenqual,

weil wir – die Rangen – ungebeten
sie nur noch grob mit Füßen treten,
sie attackieren, schänden, schinden,
bis ihre Kräfte langsam schwinden…
Ihr Anblick ist so jammervoll,
dass uns der Teufel holen soll!

Günter Bohn: *Bevölkerungsteile im Wachstum*

Joachim Giebelhausen

Mobilofant

Die Endzeit rückte näher. Sämtliche Ressourcen des Planeten gingen zur Neige. Die Ölvorräte waren versiegt. Die Windkraft-Elektrizität ruhte, weil es keinen Wind mehr gab. Die Atomkraftwerke hatten kein spaltbares Material mehr, und die Endlager waren ohnehin voll. Auf den Feldern wuchsen nur noch Zuckerrüben, weil alle Schädlinge gegen jegliches Gift immun geworden waren.

Ein trauriges Dasein hatte sich auf Erden breitgemacht. Das sah auch GOTT VATER so. ER hatte plötzlich Verständnis für die Not überall. Zudem hatte die gesamte Erdbevölkerung nur noch Fahrräder zur Fortbewegung, um sich von A nach B zu begeben, denn Automobile gab es schon lange nicht mehr, und die Autoschrott-Halden waren jetzt attraktive Kinderspielplätze. Doch selbst die Fahrräder wurden immer rarer, weil ja keine Fabriken mehr solche Velos produzieren konnten. Die Menschen radelten also von Rübenfeld zu Rübenfeld und von Kokos-Plantage zu Kokos-Plantage.

Am schlimmsten aber war die daniederliegende Mobilität. Es war – und das hatte der Chronist ja schon längst beschrieben, auf Papier aus Walfischhaut, die es noch gab – zwangsläufig eine langweilige, eintönige Welt, besonders auch ohne die ehemals so vielfältigen Tierarten, die längst aus Futtermangel ausgestorben waren oder den Planeten verlassen hatten. Es war – auch das hatte der Chronist schon berichtet – also es war besch... auf der Welt.

Natürlich hatte GOTT das schon lange bemerkt und hatte dazu auch schon eine originelle Idee. Wieder einmal konnte ER seine biologischen Möglichkeiten ins Spiel bringen, wie schon so oft bei der Erschaffung neuer Tierarten, in besseren Zeiten. Oder glauben die Menschen etwa, sie selbst könnten durch Zucht aus einem Krokodil ein Pferd herstellen?

Nachdem sich GOTT schon früher mal eingehend mit den gängigen Automobilmarken beschäftigt hatte und fachmännisch die Unterschiede zwischen einem Mercedes und einem Chevrolet kannte, sollte es für IHN auch kein Problem sein, eine entsprechende Tierart auf die Welt zu schicken, eine Tierart, die sich zunächst in den dünn besiedelten Regionen und in den Regenwäldern einfand. Diese nun völlig neuartige Spezies war der „Mobilofant". Das recht seltsame sechsbeinige Wesen hatte von GOTT alle vom Auto geläufigen Eigenschaften mitbekommen, als da sind: geringer Verbrauch an Zuckerrüben, kein CO_2-Ausstoß, keine Wartung, kein Reifenverschleiß und auf dem Rücken genügend Platz für zwei Erwachsene und zwei Kinder. Der einzige Nachteil war: kein Regenschutz.

Die Betreuung des Nachwuchses war auch für landwirtschaftlich unerfahrene Besitzer schnell erlernbar, denn die Jungtiere bekamen vom Muttertier ihre Spezial-Milch. So war der Familienausflug gesichert.

Und selbst der Rennsport unter den Mobilofant-Boliden florierte in kurzer Zeit.

Carmen Kraus

Wer bin ich?

Eine Ameise im
Weltgeschehen.
Eine Laus im
struppigen Fell der Zeit.
Ein Pantoffeltierchen
unter dem Pantoffel des Wortes.
Ein Atom in
unendlicher Materie.
Ein Lichtpunkt
im leeren Raum.
Fast nichts.

Warum nur gabst du mir
so viel Macht?

Franz Oberhofer

Angst vorm Fliegen

Hab' soeben

Auf'm Parkett
Totgetreten, eine letzte Fliege,
Wissend, dass ich an kalten Tagen
Meiner Sehnsucht bald erliege.
War doch nett:
Beflügeltes Geflitze,
Kitzelnd an der Nasenspitze,
So prickelnd, so federweich.

Ach Gott, es war doch ein Versehn!
Flüstern im Bett.
Gefiebertes Flehn
Zu den Göttern im Fliegenreich:

Schenkt Flügel!

Helmut Glatz

Hund und Jäger

Ein Jäger saß auf einem Stand
und sagt' zu seinem Hunde: Sitz!
Der Hund, der dieses albern fand,
blieb stehn. Er hieß mit Namen Fritz.

Der Hund stand da im Waldesgrund
und sah zum Jägerstand empor.
Er war ein unfolgsamer Hund.
Der Jägersmann hieß Theodor.

Der eine saß, der andre stand,
und beide suchten ihrem Leben
(was sie innerlich verband)
einen tiefern Sinn zu geben.

Helmut Glatz: *Hund und Jäger*

Angelika Müller

Die eine und die andere Welt

Weite Welt –
brauchst mich wohl nicht?!
Meine kleine Welt
oft an der großen zerbricht.

Viele Leut'
vor Vielem das Kleine nicht sehn;
ich möcht's gern bewahren,
will als Eine nicht untergehn.

Lautes Schreien
bringt um das Seltene, Schöne;
vielmehr dient dies
zum Erhalt: leise Töne.

Zeiten vertreiben,
Agieren schneller und schneller –
machen mich krank!
Mir ist's in Ruhe viel heller.

Doch die Welt ist groß,
wird wohl alle Leut' vertragen.
Unterschiede sind wie Berge,
die aus fruchtbaren Tälern ragen.

Fred Fraas

Feuchte Erde

Ich liebe sie, die feuchte Erde,
am Morgen, wenn die Krume dampft,
doch spüre auch die Drohgebärde,
dem wehe, der das Gut zerstampft.

Denn ist von tausend Flecken keines,
das nicht schon Not und Tod gesehn!
Ach – sei ein Fleckchen davon meines,
ich machte es gern ungeschehn.

Ein Fluch hat überkommen wohlen,
seitdem es eine Menschheit gibt,
den Zauber Stück um Stück gestohlen,
bis nichts mehr da, was einst geliebt.

Blickt wer entsetzt mit Mikroskopen
gar nicht so tief ins Erdenreich:
Wo sind die Kleinsten, die Mikroben,
die Raupen, Puppen, Käfer gleich?

Ist halt im Güllewahn ertrunken,
was nützlich war – wie sagt man schnell? –
hinab zum Bach ja längst gesunken,
vergiftet den nun „punktuell“.

Euch Wehmut, gute, alte Trachten,
rühmt noch die Bodenständigkeit.
Und wollt den letzten Weiher frachten
vom Kinderbad zur Übelkeit?

Und komme oft auf meinen Wegen
zum Friedhof, denn auch Krume er,
wo Menschen sich zur Ruhe legen
in jener Erde, tränenschwer.

Wie war einst der Planet erschaffen?
Aus Sternenstaub zum Urgestein,
vom Trilobit zum Menschenaffen –
und übermorgen, was wird sein?

So bin ich eben mancher Tage,
gedankenernst, doch hoffnungsvoll:
Das Leben schwindet, keine Frage,
die Erde indes – bleibt ja wohl.

Ich liebe diese feuchte Krume
am Morgen, wenn die Luft noch rein,
und pflücke mir die schönste Blume…
Es wird doch nicht die letzte sein?

Renate Exsz

Die neue Welt!

Die neue Welt – sie häutet sich gerade!
Böses kommt ans Tageslicht.
Zukunft – wird sie irgendwann verzeihen?
Die neue Haut ist zart und fein –
denk immer dran – auch sie ist sehr verletzlich.

Joachim Giebelhausen

Galaktische Apotheke

Der ALLMÄCHTIGE Apotheker hat seit Langem bemerkt, dass SEINE irdischen Geschöpfe unter fürchterlichen Materieängsten leiden und deshalb verstärkt von Suizidvorhaben gepeinigt werden.

Nunmehr ist GOTT VATER dieser irdischen Fehlentwicklung begegnet und hat den Engel Uriel beauftragt, eine kosmisch-homöopathische Apotheke einzurichten, die in der Lage ist, die physisch und psychisch leidende Erdenmenschheit mit den nötigen Arzneimitteln zu versorgen. Die Arzneimittel sind auf Rezept der Kosmischen Krankenkasse zu erhalten, wenn der Nachweis einer Bedürftigkeit erbracht wird.

Für Interessenten sei hier aus der Vielfalt der Medikamente eine Auswahl veröffentlicht, damit der Patient sich schon einmal im Vorhinein ein Bild von den Medikamenten, die im Bedarfsfall zur Verfügung stehen, machen kann. Die Kosmische Krankenkasse ist jederzeit per Meditation erreichbar.

Eine Liste der meistgebräuchlichen Medikamente aus der kosmischen Apotheke:

Anti-Substanz-Pillen	gegen zu starke Bindung an die Materie
Fiducia-Tropfen	gegen die Todesangst
Mon-Dieu-Tabletten	gegen Gottlosigkeit (12er Packung)
1 Fläschchen VATERUNSER	vor dem Schlafengehen einzunehmen
Anti-Luzifer-Tabletten	nur bei dringendem Bedarf
Retard-Kapseln	gegen das Böse
Heilpflaster	bei Meteoriten-Einschlägen zu verwenden
Heilpflanzen-Extrakt	zum Überleben in der Unterwelt
Pyrrho-Menthol	einzunehmen bei Eruptionen und Untergangs-Symptomen
Fegefeuer-Ex	Lutschtabletten gegen Höllenqualen

Weitere Medikamente auf Anfrage.

Marianne Porsche-Rohrer

Hagebutte

Sie hängt am alten Rosenstrauch,
Die kleine Hagebutte.
Es schaut sie voll Bewund'rung an
Der Mönch in seiner Kutte.

Im Klostergarten wächst schon lang
So manches edle Kraut.
Der alte Mönch seit Jahr und Tag
Voll Sorgfalt darauf schaut.

Kein Kraut jedoch der Rose gleicht
An Alter, Güte, Pracht.
Sie hat vor hundert Jahren schon
Die Mönche froh gemacht.

Im Sommer ist's der Blütenduft,
Der Herz und Sinn beglückt.
Im Winter labt man sich am Tee,
Wenn man die Früchte pflückt.

Günter Bohn

Mittellos oder das Los der Mittel

Wir können ein Bett kaufen
aber nicht den Schlaf
Potenzmittel schlucken
aber keine Liebe kaufen
an unseren Besitz Schloss und Riegel anbringen lassen
aber kein Vertrauen erkaufen
wir können Menschen mieten
aber keine Freunde
Designer-Brillen kaufen
aber keinen offenen Blick
Wir können ein Buch kaufen
aber keine Weisheit
eine Uhr erwerben
aber keine Zeit kaufen
wir können Häuser kaufen
aber keine Heimat

und doch können ganz und gar Mittellose
Trost spenden

Hans Schütz

Ganzheitliche Ferienerleuchtung

Dieses Jahr, so habe ich mir vorgenommen, fahre ich nicht in Urlaub. Ich bleibe zu Hause und versuche mich ganz ohne Ferienstress in der heimatlichen Region zu regenerieren. Baden, Radeln und Bergwandern kamen mir zunächst in den Sinn, unterbrochen vielleicht von einigen kulturellen Unternehmungen wie Museumsbesuchen, Kinoabenden oder dem einen oder anderen Konzert.

Doch dann fiel mir eines dieser überall ausliegenden kostenlosen Freizeitmagazine in die Hände, und ich entwarf einen vollkommen anderen Ferienplan.

Im Heft waren haufenweise vielversprechende Angebote, was Gesundheit und Wohlbefinden betrifft, sodass ich mich spontan entschloss, möglichst viel davon in meinen Ferien zu nutzen. Was da alles versprochen wurde, müsste locker reichen, damit ich wie ein neuer Mensch, vor Gesundheit strotzend und mit einem fantastischen seelischen Gleichgewicht in ein neues Arbeitsjahr gehen würde. Diese Körper-Geist-Generalüberholung wollte ich mir unbedingt gönnen.

Zunächst einmal begab ich mich mehrere Tage lang in schamanische Zauberwelten. Dazu gehörte ein Grundlagenseminar mit anschließender Heilarbeit in Wald und Natur. Weiter ging es mit dem Suchen von Lebenshölzern und Baumseelen, Naturkörperproduktionen, einem Theater des Waldes und der Begegnung mit Urweibern, Naturkriegern, Wurzelwesen und der Hüterin des Waldes als Herrin des magischen Reichs.

Als Nächstes lernte ich bei einer ganzheitlichen Gesundheitsberaterin eine ganz auf meine Person abgestimmte individuelle Ernährungstherapie kennen, die mich wieder zu meiner Mitte bringen sollte und ein wichtiger Schritt auf dem Weg zu echter Gesundheit sei.

Gleich mehrere Tage lang machte ich mich nun auf den Weg zum Tor der Seele. Bei einem energievollen, harmonischen Wochenende der neuen Zeit hatte ich dabei aufbauende Begegnungen auf Seelenebene in einem energetischen Raum mit außergewöhnlich hohen Schwingungen.

Ich traf dabei spirituelle Lehrerinnen, Energieexperten, Gesundheitsautoren, Andersweltmedien, Wunscherfüllungs- und Selbstheilungsfachleute und sogar Botschafter des Lichts und durfte mit ihnen unsre wundervolle Welt der fünften Dimension betreten. Hilfreich auf diesem spirituellen Weg waren zusätzlich angebotene Meditationen und planetarische Heiltechniken, die, wie man mir versprach, mich bald von der alten Welt befreien und in das Paradies auf Erden einziehen lassen würden.

Zurück in der realen Welt stellte ich fest, dass mein Ferienbudget doch schon arg zusammengeschmolzen war und nur ein Griff in die Rücklagen auf meinem Sparbuch auch meinen Geldbeutel wieder in so etwas wie ein Gleichgewicht bringen konnte, das ich aber sogleich auf einer Gesundheitsmesse erneut in eine bedrohliche Schieflage brachte.

Ein Kästchen und eine Pyramide zur Strahlenabwehr jeglicher Art hatten es mir angetan. Da ich mich aber nicht für eines der beiden physikalisch strengsten Prüfungen unterzogenen Geräte entscheiden konnte, ging ich auf Nummer sicher, kaufte beide und bestellte zur umfassenden Beruhigung meiner Ängste auch noch ein drittes Strahlenabwehrsystem aus einem der bereitliegenden Kataloge.

Mein nächster Weg führte mich in ein ostasiatisch inspiriertes Aufbauzentrum. Hier genoss ich zahlreiche Wohlfühl- und Gesundheitsangebote zur Unterstützung kommender Problemsituationen des täglichen Lebens, wie zum Beispiel Meridianmassagen, Meridiandehnungsworkshops, energetische Heilweisen, und erhielt eine Vitalstoffernährungsberatung.

Als ich auf dem Heimweg in der Stadt an einem Schaufenster vorbeikam, stellte ich fest, dass in der Auslage für Kartenlegen, Pendeln und Horoskopanfertigungen geworben wurde. Auch Kontaktaufnahmen mit Verstorbenen sollten unter günstigen planetarischen Konstellationen ermöglicht werden. Die nächsten drei Tage meines Feriengesundheitsmarathons waren somit bereits festgelegt.

Einmal musste ich meinen Vorsatz, hier im Lande zu bleiben, dann doch höheren Erfordernissen opfern. Ein Quantenheilungsseminar, das es mir besonders angetan hatte, wurde nämlich nur auf einer spanischen Mittelmeerinsel angeboten, auf die sich einst die Weisen von Atlantis gerettet haben sollen.

Auf Powerwege zu mehr Selbstvertrauen, auf Förderung der Eigenliebe zur Öffnung des Herzens und ein Matrixkraftausbilderseminar wollte ich keinesfalls verzichten, zumal auch noch besondere Erlebnis- und Heilabende auf dem Programm standen.

Wieder zu Hause, widmete ich mich bei mehreren Führungen heimischen Kraftplätzen, magischen Wegen und alten spirituellen Orten. Ich lernte unterschiedliche Energiequalitäten kennen, begann mich an Kraftorten selbst zu spüren, konnte die Natur als geistigen Freund gewinnen, fand Stille im Innen und im Außen und frischte so meine brachliegenden Lebensenergien kraftvoll wieder auf.

Eine magische Schluchtreise und ein Workshop zur Herstellung alter keltischer Kraftzeichen und Schutzamulette sowie ein indianisches Wochenende mit Trommelmeditation, Schwitzhütte und heiliger Räucherzeremonie rundeten das Programm dieser Woche ab.

Am nun notwendigen Ruhetag zog ich mich mit Hilfe von spiritueller Himalayamusik und dem Lesen alter indonesischer Weisheitslehren ganz in mein innerstes Seelenleben zurück. Sicherheitshalber begleitete ich das aber mit dem mehrmaligen Auflegen hawaiianischer Algen auf mein Sonnengeflecht, die von den dortigen Ureinwohnern in traditionellen Erntezeremonien in klaren Vollmondnächten um Mitternacht geerntet worden waren.

Tags darauf begleitete mich eine diplomierte Klangschalentherapeutin mit langjährigen Erfahrungen in der Sufi-Tradition bei der Energiearbeit zur Selbstfindung und der Erkenntnis der vier Elemente, und schon wieder war ich mit Erdung, Reinigung und Belebung auf dem Weg zu meiner Herzensmitte.

Erneut musste ich mich einen Tag lang intensiv mit meinen finanziellen Defiziten beschäftigen, was mich doch psychisch und seelisch stärker belastete, als ich gedacht hatte. Zum Glück gab es aber auch für diese Problematik das passende Seminarangebot. Der sichere Weg zu neuem Wohlstand wurde hier angeboten, um finanzielle Visionen Wirklichkeit werden zu lassen.

Am Abend blieb sogar noch Zeit für einen Diavortrag mit dem Titel „Die Wunderheiler des Himalaya", auf dem ich meine wiedergewonnene finanzielle Zuversicht sogleich nutzte, und mich mit Tibetsalz, Ayurvedakochbüchern und einem kleinen Messingbuddha beschenkte.

Nachdem mir aufgefallen war, dass die geheimen südamerikanischen Heilmethoden in meinem Programm noch gänzlich fehlten, war ich dankbar, ein Seminarangebot über heilende Inka-Urmusik, mit heiligen Melodien und verborgenen Botschaften zwischen den Tönen, kurzfristig noch wahrnehmen zu können.

Eine einmalige Schnellausbildung zur Meisterschaft in integrativer Körperarbeit schloss ich übers Wochenende an.

Nach einem Vortrag über Heilsteine und deren kosmische Bedeutung für das Gesunden der Welt musste ich in meinem Wohnzimmer einige Umstellungen vornehmen. Jetzt liegen für alle persönlichen, aber auch die Gesamtmenschheit betreffenden Problemsituationen die jeweils helfenden Steine griffbereit.

Neben der bereits vorhandenen finanziellen bahnte sich die nächste Katastrophe aber bereits an: Ich stellte fest, dass die Ferien schon am nächsten Tag vorbei sein würden. Ich konnte mir um nichts in der Welt vorstellen, schon morgen mit der Arbeit loszulegen. Der wochenlange Gesundheitstrip war schließlich so anstrengend gewesen, dass ich jetzt dringend eine Ruhepause benötigte.

Ich ging sofort zum Arzt und ließ mich für eine Woche krankschreiben. Diagnose: Gesundheits- und Seelenstress!

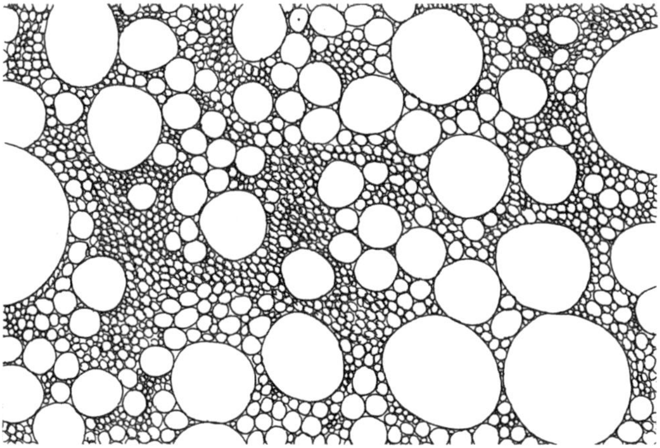

Günter Bohn: *Bauchgedankenblasen*

Roland Greißl

Stumme Worte

Der „Lesende“ stand am Rednerpult, ruhig und überlegen. Manchmal wogte er sanft hin und her, manchmal gestikulierte er wie wild. Die Szene hatte etwas Anmutiges. Aber sie hatte auch etwas Befremdendes: Denn kein Wort kam aus dem Mund des vortragenden Schriftstellers. Keine Silbe.

Dennoch lauschte ihm das Publikum gebannt. Ich hatte das Gefühl, dass es alles genau verstand und genoss. Denn wie auf Befehl brachen die Besucher in schallendes Gelächter aus.

„Schallend“ war es allerdings nicht, das Gelächter. Es war ebenso stumm wie die stummen Worte des stummen Autors. Und dennoch bogen sich die Körper der Anwesenden wie auf Befehl auf und ab, hin und her, manche schlugen mit dem Kopf vor Begeisterung auf die Tischplatte, andere lächelten ihrem Partner oder ihrem Gegenüber zu oder nahmen sich in den Arm. Es herrschte eine ausgelassene Stimmung. Eine schweigsam ausgelassene Stimmung.

Allmählich dämmerte mir, wo ich hingeraten war: in eine Lesung für Taubstumme. Taubstumme, die nur mit ihren Blicken vom Mund des Vortragenden ablesen können. Sie lesen die Worte an den Bewegungen der Lippen ab, sie folgen der Gestik und Mimik des Vortragenden. Sie schweigen, weil sie schweigen müssen.

Na ja, hier war ich offensichtlich falsch. Doch noch etwas war falsch, jetzt fiel es mir auf: Der Lesende bewegte die Lippen nicht! Keinen Millimeter. Gestik und Mimik beschränkten sich auf den Kopf, die Augen, die Arme. Die Lippen – sie blieben unbewegt.

Als ich einen der Zuhörer auf meine Beobachtungen ansprach, zuckte der entsetzt zusammen und zog sich in sich selbst zurück. Ich blieb allein mit meinen Fragen.

Im Vorraum traf ich auf eine Sekretärin. Erleichtert ging ich auf sie zu. Sie saß reglos in ihrem Sessel; nur ab und zu unterbrachen fremdartige Bewegungen ihre starre Haltung.

Dann notierte sie etwas auf ihrem Zettel und lehnte sich wieder zurück. Schweigend.

Ich fragte sie: „Können Sie mir bitte sagen…“

Weiter kam ich nicht. Sie herrschte mich barsch an: „Sie sehen doch, dass ich kommuniziere…!“

„Dass Sie – was…?“

„Dass ich kommuniziere. Bitte Ruhe!“

Sie merkte wohl, dass mir der Mund offen stand. Da war nichts an ihr, nichts in ihrer Hand, kein Telefon, kein Handy, kein iPad, kein Mikrofon, kein Lautsprecher – nichts. Zu einer Erklärung sah sie sich nicht genötigt. Sie saß weiterhin in ihrem Sessel, mit nichts um sich herum, in ein virtuelles Gespräch vertieft, ohne dabei die Lippen zu bewegen. Ich wusste mit all dem nichts anzufangen. Wo war ich hier, was ging hier vor sich?

Da entdeckte ich nicht weit von ihr ein Kästchen. „Infotainment“, war da zu lesen. „Bitte drücken!“ Ich drückte. Aus dem Kästchen erscholl eine Frauenstimme.

„Guten Tag, verehrter Gast!

Wir freuen uns, dass wir nach Jahrtausenden der Dunkelheit in einer neuen Zeit angekommen sind. Das Zeitalter der sprachlichen Kommunikation mit all seinen verbalen Entgleisungen gehört endgültig der Vergangenheit an. Zu laute, zu leise, missverständliche oder gar falsche Worte haben zu ständigen Auseinandersetzungen, ja sogar zu Kriegen geführt, haben die Menschen weit mehr gegeneinander aufgebracht als sie miteinander ins ‚Gespräch‘ zu bringen, wie es wohl einmal geplant war.

Daher sehen wir es als die größte Errungenschaft an, seit es die Menschheit gibt, dass wir anstelle unvollkommener verbaler Kommunikation nun in der Lage sind, uns ausschließlich kraft unserer Gedanken zu verständigen:

Telepathie ersetzt die gesprochenen Worte. Telepathie kann bei fortgeschrittenen ‚Zuhörern‘ sogar quer durch alle Sprachen dieser Erde funktionieren, weil nicht mehr nur leere Worte oder Worthülsen, sondern Inhalte vermittelt werden. Daher ist Telepathie die erste echte Weltsprache. In wenigen Jahren wird dies die einzige Möglichkeit der Kommunikation sein. Wir wünschen Ihnen gute Unterhaltung, bei der Ihnen mit Garantie niemals das Trommelfell platzen wird!“

Ich wusste nun Bescheid. Telepathisch übermittelten die Autoren ihre Worte und Texte, telepathisch nahm das Publikum diese auf, telepathisch wurden alle Texte und Gefühlsregungen verarbeitet.

Bei mir war von alledem nichts angekommen. Mit dem neuen Wissen ging ich zurück in den Raum der Lesung. Es herrschte immer noch vollkommene Stille. Ich muss ehrlich gestehen, dass mir bei dieser nonverbalen Lesung etwas fehlte. Mir dämmerte, dass ich unter einer Lesung eine „Lesung“ erwartet hatte, keine „Schweigung“. Und mir wurde noch etwas klar: So einfach wollte ich diesen düster-dumpfen Ort nicht verlassen. Mir kam eine Idee. Mit jeder Sekunde fand ich mehr Gefallen an dem durchaus etwas verwegenen Plan. Ja, das war es, das musste ich jetzt tun, mein innerer Impetus ließ mir keine Wahl:

So musterte ich in großer Ruhe alle etwa fünfzig Teilnehmer dieser „Schweigerunde“. Die ersten Blicke waren bereits auf mich, jenen unbeherrschten Störer, gerichtet. Zorn und Missmut über mein ungebührliches Verhalten machten sich lautlos, aber in deutlichen Gesten gegen mich breit. Ein Zurück gab es nicht mehr.

So stellte ich mich urplötzlich hinter eine sehr hübsche junge schwarzhaarige Frau, legte meine Hände auf ihre Schultern und rief, so laut ich konnte, aus: „Ich liebe dich, du hübsches schwarzes Käferchen ...!“

Dem lesenden Autor entglitten Buch und Brille – ich musste ihm wie der Leibhaftige erscheinen –, und er verstummte völlig in seinem schweigenden Stummsein; dann ging er in ein völlig passives regloses Geschweige des Entsetzens über und erstarrte wortlos, wie versteinert.

Im Saal waren inzwischen erste Gurgellaute zu hören, erste Anzeichen einer hilflos aufkommenden, wiedergefundenen Sprache. Einige sprangen auf, liefen wie irrsinnig hin und her, schauten einander an, blieben aber hilflos wie Kinder. Bald jedoch ertönten erste unartikulierte Vokalkombinationen, die etwas wie „unerhört“, „unmöglich“ oder „nie dagewesen“ vermuten ließen.

Schon wollten erste Zuhörer, außer sich vor Wut, mich, den fremden Eindringling, fassen, zur Raison bringen und gar vor die Türe setzen.

Da geschah völlig unerwartet etwas für sie noch Entsetzlicheres. Die Dame, der soeben jener unfassbare verbale Liebesbeweis als „hübsches schwarzes Käferchen“ gegolten hatte, war aufgestanden, hatte mich, den fremden Eindringling, stürmisch in den Arm genommen und dabei, so laut sie konnte, die Worte ausgerufen: „Mein Gott! Wie sehr habe ich Worte wie diese ersehnt! Wenn Sie wüssten, wie qualvoll, wie hohl es ist, Worte der Liebe immer nur telepathisch zu hören …!“

Eng umschlungen, mit Tränen in den Augen, verließen wir beide den Raum.

Was sich im Anschluss daran im Saal an telepathischen Diskussionen ergab, ist bis heute nicht an mein Ohr gedrungen … Doch ich bin mir sicher, dass sich neben nonverbalen auch ein paar verbale Entgleisungen im schweigenden Publikum breitgemacht haben werden …

Günter Bohn: *Zu Herzen gehend*

Heidi Kjaer

Am Ziel

Wenn die Worte fehlen,
die das Leben erzählen,
wenn der Kummer erstickt
und kein Lichtstrahl erquickt,
dann komm!

Wenn im Sand dir verrinnt,
was die Zeit dir bestimmt,
wenn die Stimme versagt,
alle Welt dich verklagt,
dann komm!

Wenn die Wolken verhangen,
alle Wege gegangen,
alle Stunden gezählt,
alles Weh dich gequält,
dann komm!

Wenn dein irdisches Zelt
dich nicht hält auf der Welt,
ist gekommen der Tag,
wenn vorbei alle Plag.
Heimkehr ist dir gewiss.

Marianne Porsche-Rohrer

Meditation

In unsrer superschnellen Welt
Geht's um Termine und um Geld.
Der Mensch als Individuum
Kommt stressbedingt darin fast um.
Anstatt nur noch zu funktionieren,
Mensch, lerne doch zu meditieren!

Lern, dich entspannen, dich versenken,
Der Seele Aufmerksamkeit schenken!
Lern Ruhe, Stille zu genießen,
Und lass die Energien fließen!
Die Ruhe spendet so viel Kraft,
Weil man der Seele Freiraum schafft.

Auch Thomas, stressgeplagt seit Jahren,
Ist jüngst nach Indien gefahren,
Um sich vier Wochen zu versenken
Und nicht mehr an den Job zu denken,
Hat dort mit Sheila angebandelt
Und ist seitdem total verwandelt.

Gelb-rot gewandet geht er nun.
Mit Stress hat er nichts mehr zu tun.

Heidenore Glatz

Überall Ruhe

Flucht aus dem stressigen Alltag.
Sehnsucht nach Ruhe.
Besinnung. Aufatmen.
Zeit haben.

Ruhe, Stille,
im Haus zwischen hohen Bergspitzen
schweigt die Natur.
Sie lässt mich ankommen.
Willkommen im Land der Ruhe.

Traumhafte Berglandschaft,
blühende Frühlingswiesen.
In der Ferne ein plätschernder Wasserfall.
Ich höre ihn kaum.
Mein Herz ist im Ruhemodus,
kein Stolpern, keine Störungen.
Meine Sinne werden wach:

Ich sauge die Farben um mich herum völlig auf:
das düstere Grün der Tannen,
dazwischen das zarthelle Grün
der vereinzelten Laubbäume.
Auf der Bergspitze leuchtend weißer Schnee.
An den Hängen ein gelber Löwenzahnteppich
mit hellblauen Vergissmeinnicht-
Tupfen im Wiesengras.
Oberhalb einer Hütte grasen Schafe.
Überall Ruhe.

Die Zeit ist stehen geblieben.
Ich beobachte, lasse meine Gedanken ziehen,
schüttele Vergangenes ab.

Waltraud Niedoba

Stille

Stille schwebt durch die Nacht,
sie umhüllt die schlafende Welt.
Wo bist du? – Gib acht!
Mein Inneres aber wacht,
beleuchtet das Himmelszelt.

Ein Schrei vertreibt die Stille,
die Erde wieder erwacht.
Wo bist du? – Gib acht!
Das Vöglein hat's gemacht,
legt Zweig für Zweig sacht ab.

Doch abends wird es wieder still,
die Erde geht zur Ruh'.
Wo bist du? – Gib acht!
Die Tiere eilen sacht,
schlafen alsbald. Wie du.

Ida Rittner

Was bin ich?

Ein Hauch, aus dem Nichts geboren,
ein Staub, der in der Welt verloren,
ein Blatt, das im Winde verweht,
ein Schnee, der in der Sonne zergeht,
ein Tropfen, der sich im Meer verliert,
eine Blume, die den Garten ziert,
ein Kind unter den vielen Pflanzen –
ein Teil doch von all dem Ganzen.

Carmen Kraus

Lichtkind

Hell leuchtend
weist ein Licht
Weisen den Weg.

Sanft lächelnd
bringt ein Kind
allen das Licht.

Hell leuchtend
weist ein Licht
allen den Weg.

Sanft lächelnd
bringen Weise
ihm ihren Dank.

Heidenore Glatz

Zwischen Himmel und Erde

Ein unsichtbares Band
schwebt über allem Sein.
Zwischen Licht und Finsternis,
zwischen Dann und Wann,
dem Hier und dem Dort,
diesem unbenannten Ort.
Himmel und Erde verbunden
durch einen Steg.
Du bist die Brücke –
und auch der Weg.

Angelika Müller

Wasserfall

Jubel,
mit Wirbel und Strudel
stürzt sich herab ein Bach,
und – ach! –
über den Felsen springend,
rauschend und singend,
geht's hinab zu Tal.
Mal ruhig, mal in wildem Fall,
erreicht das Wasser ein paar Meter tiefer
eine stolze Kiefer.
Teilweise scheinbar in Bahnen gebändigt,
dann wieder übermütig dem freien Fall ausgehändigt
endet plötzlich der Spaß:
Das lustige und sprudelnde Nass
sammelt sich auf einer Ebene aus Stein.
Der Mensch steht daneben –
ganz klein –

Renate Exsz

Wolkenbilder

Am Himmel ziehen Wolkenbilder –
nicht gemalt von Künstlerhand,
an Schönheit, Perfektion
nicht zu überbieten.
Nur für einen Augenblick kannst du sie sehn.
Sie ziehn dahin – ohne Unterlass.
Wird unsere Sehnsucht sie je erreichen?

Monika Bayerle

Tanz der Giganten

Langgestreckte,
kerzengerade in den Himmel aufsteigende Körper.
Kraftvolle, sehnige Stämme, ummantelt von eng anliegendem,
am Stamm hochstrebendem, grünen Gefieder.
So stehst du da – fest in der Erde verwurzelt
und mit dem Himmel verbunden.

In heimischen Gefilden treffe ich dich nicht an.
Ich muss vom Land hinter den Bergen ins Land südlich der Alpen
kommen, um dich zu finden. Hier ist dein Land.
Hier bist du der heimische Riese zwischen Licht und Schatten,
Mittler zwischen Himmel und Erde.
Still stehst du da, still und erhaben.

Doch ... Wind kommt auf ..., das Element, das Bewegung bringt.
Zaghaft berührt er deine oberflächigen Astspitzen,
sie geben die Bewegung weiter ins Geäst unter deinem grünen Kleid.
Licht und Schatten huschen über die Buckelmatten deines Mantels
vom untersten Saum hinauf an deiner Gestalt bis ins Äußerste,
dem filigranen Wedel, der deine Hauptspitze umspielt.
Er streckt seine Fühler hinaus in die Atmosphäre, um zu senden
und zu empfangen – deine ganze Gestalt eine Welle der Bewegung.

Doch ... du stehst nicht allein.
Du hast dich zusammengetan mit anderen Gleichgestaltigen.
Und ihnen geschieht das Gleiche; auch sie lassen sich berühren
von der Kraft des Elements, geben sich der sanften Bewegung hin.
Unmerklich verdichtet sich Schwingung und bewirkt
intensive Bewegung – sie bringt die Giganten ins Schwanken.
Sie biegen ihre geschmeidigen Körper zur einen Seite
und zur anderen. Mit ihrer ganzen Körperlänge
beschreiben sie einen Kreis um sich selbst,
durchbrechen den Bannkreis des anderen.
Sie nicken einander zu, und treten schließlich
miteinander in Kontakt.

Monika Bayerle: *Tanz der Giganten*

DER TANZ DER GIGANTEN BEGINNT.

Ein Ritual seit uralten Zeiten.
Seidige Aura durchströmt ihre mächtigen Leiber,
umfängt sie mit ewiger Kraft. Es ist Eros,
seit Anbeginn aller Zeiten ihr steter Begleiter.
Was haben sie sich mitzuteilen, was flüstern sie sich zu?
Verspotten sie etwa uns, die hier unten?
Sie halten Rat. Sie sind die Hüter uralter Weisheit,
über Jahrhunderte und Jahrtausende gesammelten
und bewahrten Wissens, es sind die
Klänge der Weltenmusik,
die sie bündeln und weitergeben.

Unserem Ohr bleibt dies meist verborgen,
unser Bewusstsein nimmt diese Schwingungen nicht wahr,
und doch wird in diesem Augenblick ein unsichtbares
Netz gesponnen über alle Zeiten,
aus der Ewigkeit kommend ins Jetzt
und in zukünftige Dekaden.

Und heute schenkt mir das Leben *einen* Augenblick.
Ich fühle mich wach, mein Geist ist klar und sprengt seine Grenzen.
Nie Wahrgenommenes dringt in mich ein,
und für einen Moment nur,
sicher nur für einen kurzen Moment,
darf ich teilhaben am Rat der Alten
und darf Ewigkeit erahnen.

Langsam löst sich die Verdichtung über mir,
die Bewegung verebbt in sanftem Wiegen,
Klänge verlieren sich in der Atmosphäre,
scheinbarer Stillstand kehrt zurück.
Ewigkeit legt sich auf meine Freunde,
die alten Zypressen –
und ich bin erfüllt von wahrer Freude
und grenzenloser Ehrfurcht.

Heidi Kjaer

Blutrote Hoffnung

Das Leben zurückgeholt,
den alten Schwung
neu aufgemöbelt,
lechzend nach Luft und Entspannung.
Ich lasse los.
Innere Uhren
neu auf Anfang gestellt,
dem Ende entgegen.

Das alte Herz
schlägt und pumpt
mit geduldigem Gleichmut
den Lebenssaft der blutroten Hoffnung
durch meine Glieder.
Unermüdlich –
aus reiner Gnade
und Barmherzigkeit.

Doch alles, alles in mir
will die Dinge beim Namen nennen.
Lügen als Trugbilder
hängen auf Vorrat in der Luft,
immer auf dem Sprung.
Ein Schauer durchrinnt mein Sein.
Ich kenne meine Angst –
und ich kenne mich und dich.

Nur kurz
sind die späten Sommernächte,
die mich von dir träumen lassen.
Längst leuchten
andere Bilder in mir,
verzehrend in der Entbehrung.

Ganz langsam
rinnt und rinnt
uns die Zeit davon.

Und dann reden wir –
wie so oft – übers Wetter,
als wäre rein gar nichts gewesen.
Keine Kerzen,
kein neues, weißes Gewand,
dafür innere Loblieder.
Loblieder dem Höchsten,
aus tiefster Seele.

Max Dietz

Des Lebens Melancholie

Im Stoppelfeld der Leiermann
Sieht dich im krummen Spiegel an
Unentwegt und bitterlich
Verfolgt die dunkle Ahnung dich
Wehmuttrunkne Endlichkeit fällt
Losgelöst vom Strom der Zeit
Flüstert Mephisto in den Schlaf
Entsteht des Daseins Epitaph
Bleiblut zerrinnt sanft zwischen Zeilen
Lässt Atemzüge still verweilen
Dein Odem scheint der Erde Trost
Weil er in Trauer sie umkost
So ruhst du trunken auf Gestein
Gestraft mit heilig Ernst – allein?
Im krummen Spiegel sieht dich an
Vom Stoppelfeld der Leiermann.

Fred Fraas

Was ist mein Leben?

Bin Optimist, bin Pessimist,
mal Himmel, mal Hölle,
fester Schritt in tönern' Schuh,
Flügel spannend am Abgrund.
Poesie gibt Raum, flieht nüchternem Denken,
weiß um den Platz der schönsten Orchidee
nah' der Grube zur Fäulnis.

Mein sei der lichtende Morgen,
lobe dich, Tag,
mag dir gehören, Nacht,
jedem Moment Liebe danke ich.
Beweine Verlassenheit,
gewähre Vertrauen Zuflucht,
Trutz der Verdammnis.

Endlich lasse fallen,
denn gelobt sei die Tiefe,
Aufstieg ermöglichend,
Zukunft am Kletterseil.
Wer finge auch auf im Straucheln,
böte Nistplatz in Wärme,
taute Gefühle aus ewigem Eis?

Wie erfahre ich Fügung,
welche Macht erhellt mich,
bestellt ein,
wann kommt ihr Ruf –
und woher?
Weisheit erbeten: Was ist Leben?

Das ist mein Leben!

Angelika Müller

Kontur

Wie abgerissenes Papier!
Ich steh' lange hier
und schau still zu,
wie mit inniger Ruh
die Farben wechseln.

Wie von Mächten gebannt,
auf dem Herzen die Hand,
wünsch' ich der Welt Kontur,
so viel, wie irgend nur
trotz Härte möglich ist.

Horizont gezackt vor einem Rot,
das blutig spricht von Geburt und Tod,
bezaubert wild mit starker Kraft,
bis Dunkelheit es gnädig schafft,
den Tag wertvoll zu vollenden.

Helmut Glatz

Meine zehn Finger

Meine zehn Finger gehorchen mir aufs Wort. Wenn ich sage: „Habt acht!“, haben sie acht. Wenn ich sage: „Habt neun!“, haben sie neun, wo sie doch zehn sind. Wenn ich befehle: „Strecken!“, strecken sie sich, bei „Gekrümmt!“ krümmen sie sich. Sage ich: „Fliegen!“, fliegen sie davon.

Dann sitzen sie auf der Gardinenstange im Wohnzimmer und zwitschern vor sich hin, und es ist schwierig, sie wieder zum Zurückkommen zu bewegen. Und dabei benötige ich sie doch dringend. Wer wäscht mir das Gesicht? Wer schreibt mir das Gedicht? Wer bohrt mir in der Nase? Wer hilft mir beim Klavierspielen? Gerade bei letzterem enttäuschen sie mich immer. „Was ist nur mit euch los?“, schimpfe ich. „Warum vertastet ihr euch ständig?“ Da schauen sie mich schuldbewusst an, krümmen sich vor Verlegenheit und schweigen.

Habe ich schon erzählt, dass in jedem der Finger mein Leben eingeschlossen ist? Der Code meines Lebens sitzt in den Fingerkuppen. Ich habe zehn Leben, in jedem Finger eines. Das ist sehr praktisch. Wenn ich in einem Leben Schwierigkeiten habe, wechsle ich in ein anderes. Ist mir zum Beispiel im Mittelfingerleben die letzte Straßenbahn davongefahren, wechsle ich, um nicht die ganze Nacht warten zu müssen, in das Ringfingerleben. Wenn mich Beatrix aus dem Daumenleben hinauswirft, weil ich zu aufdringlich geworden bin, gehe ich ins Zeigefingerleben, wo Rhododendron bereits auf mich wartet.

Rhododendron ist so etwas wie mein evolutionäres Ich. In ihm leben noch die Gesänge der Walfische, die Angstträume der Lemuren, die Hilfeschreie der Amöben. Ein Wunder, wie er es durch die Zeitalter bis in meine Gegenwart geschafft hat. „Ihr seid alle nur von Versatzstücken umgeben!“, schimpft er. „Was sind sie denn anderes, die Rentenreform, das Bürgerliche Gesetzbuch, die Straßenverkehrsordnung, Meyers Konversationslexikon, Montezumas Antivirenprogramm, was sind sie denn anderes als Versatzstücke, die euer sogenanntes Leben umstellen? Auf einem einzigen Schmetterlingsflügel ist mehr reales Leben als in eurer ganzen abgeschmackten Zivilisation!“

Oh, wie ich ihn hasse, mit seinem altklugen Geschwätz! Ich balle meine zehn Leben zur Faust und schlage sie ihm ins Gesicht. Treffe aber nur mich selbst, so dass meine Nase ziemlich schief steht und blutet. Da ist nun guter Rat teuer. Was soll ich tun? In meinem Ringfingerleben fahre ich ins Krankenhaus zur Notaufnahme. In meinem Zeigefingerleben lasse ich mich von Beatrix trösten. In meinem Kleinfingerleben sause ich in der Wohnung hin und her und suche vergeblich nach einem Pflaster. In meinem Mittelfingerleben mache ich sonst was. In meinem Daumenleben lege ich mich aufs Sofa und schlafe sofort ein.

Und da habe ich einen Traum: Meine Finger, so träume ich, stehen um mich herum und halten Gericht. „Was hat er schon geleistet in seinen zehn kümmerlichen Leben?“, fragen sie und wackeln mit den Nägeln. „S-Bahn gefahren, Rotwein getrunken, Beatrix geärgert, an uns herumgeknabbert, ein paar Gedichte gemacht. Kurz und gut: nichts Nennenswertes.“ „Und spazieren gegangen“, wirft Rhododendron ein, und alle horchen auf und heben die Fingerkuppen. „Spazieren gegangen auf einem Schmetterlingsflügel“, sagt er, „und das Lied vom Leben gesungen.“ Da lassen sie es gut sein, alle zehn, und verschwinden.

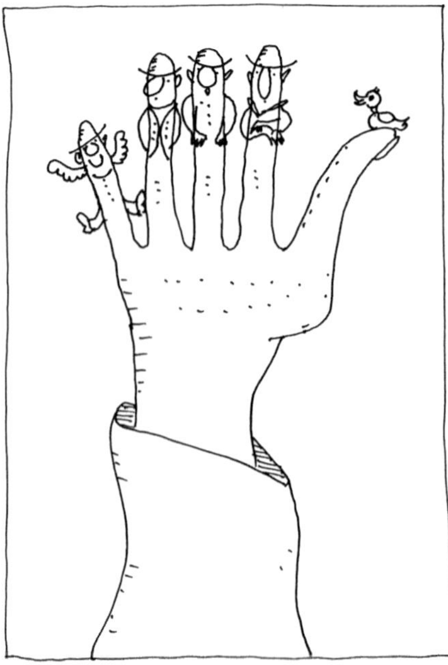

Helmut Glatz: *Fingertraum*

Paul H. Wendland

Erfahrungen eines geistig empfindenden Hinterfragers

Wer Glaubensüberlieferungen hinterfragt,
sucht forschend nach der Wahrheit.
Je tiefer er geistig zu schürfen wagt
und prüfend auf sein Empfinden achtet,
desto eher gewinnt er geistige Klarheit.

Manchmal irrt ein Glaubender herum
mit längst überholten Glaubensansichten,
biegt weiterhin unwissend Verbogenes krumm
und verhindert, dass Menschen sich selbst-
überzeugend nach der Wahrheit ausrichten.

Ein blinder Glaube führt über kurz oder lang
zu geistesträgem Bequemlichkeitsverhalten.
Da fehlt der geistbewusste Entwicklungsdrang
und das ... ist kein hohes Gottvertrauenszeichen,
auch wenn Menschen, verblendet, es dafür halten.

Schwer ist es vom Altgewohnten sich zu trennen,
so füllen neuen Wein wir oft in alte Schläuche,
wir meiden Wissen, um gläubig uns zu nennen,
und hüllen uns gewissenlos in trübe Schleier ein,
dem Götzendienst wahnhafter Ego-Bräuche.

Erst wenn wir Menschen unsere Götzen entthronen,
uns statt Blindgläubigkeit Schöpfungs-Wissen erlauben,
werden wir glückselig im Sein des Lebens wohnen,
und brauchen weder religiösen Dogmatismus
noch einen theologisch verbrämten blinden Glauben.

Franz Oberhofer

gregors turmfamilie

stürmte den schieferturm
als die spatzen pfeifend
kreisen schlief er nur
wendelt schritt auf tritt

hinauf zum letzten stein
vater schließt die tür
jetzt flutet grelles licht
der raum wie elfenbein

stets im kreise schraubt
sich höher wer sich
taumelnd regen kann
große bären bringen schon

den schlaf dass der gedanken
kreis sich selbst vergisst
erkennt den reim zur nacht
als banner stolz gehisst

geschlagen in den stein:
sollte einer dir gedenken dann wir
sind abwesend dennoch stets hier!
da krabbelt nur verwandtes

auf den letzten stufen
anwesend! anwesend! wir!
hört er sie stets rufen
wieder nur bekanntes.

Klaus Wuchner

Lügen

Die uns belügen, gehen davon aus,
dass wir ihrer Macht wegen uns fügen.

Die uns belügen,
damit wir uns fügen,
erzeugen in uns Angst,
damit wir uns fügen.

Die uns belügen,
damit wir uns fügen,
lassen uns hoffen,
damit wir uns fügen.

Die uns belügen,
damit wir uns fügen,
lassen uns glauben,
damit wir uns fügen.

Um uns nicht selbst zu belügen,
sollen wir uns dem Glauben,
der Hoffnung und der Angst nicht fügen.
Dann hören wir auf, uns selbst zu belügen.

Max Dietz

Pushing

Gebt mir Zucker – mehr und mehr
Dann geb ich mich für alles her
Und flüstert mir nur Salm ins Ohr
Dann komm ich mir unsterblich vor
Trübt mir den Blick mit eurem Tand
Dann bleib ich vor dem Tellerrand

Setzt mir Geflimmer vor die Stirn
Blast mir euren Dung ins Hirn
Macht mir schon ein Angebot
Bevor ich weiß von meiner Not

Füllt mich mit Gegen-Werten
Dem Trend zum Umgekehrten
Tanzt mir den Sexy-Rhythmus
Wo jeder Zombie mit muss

Moralisch ist die Norm
Nur noch Mutterkorn
Ich als Rudiment
Pushing bis zum
End.

Franz Oberhofer

irdene lehmgestalten

irdene lehmgestalten treten die lawine los
aus dem nachbarhaus entkorkte volksmusik
ein malaysisches flugzeug wird verschluckt
tanzt im kreis in unserm bauch herum

sucht stählerne träume im meer die blackbox
sendet nur begrenzt signale nur noch tage
unser kirchturm eingerüstet abgehangen ein
eisernes kreuz es zeigt die dimensionen

maße eines erwachsenen jungen mannes
das flugzeug änderte den kurs verschwand
vom radar ins bodenlose kannst nicht endlos
fliegen denn treibstoff begrenzt die insel

auf einmal fleht der fremde dort am fenster
passagiere zittern mit den kompassnadeln
filme erzählten von kriminellen welten
als der vogel über dem ozean wimmerte

jetzt sägen bauern in den blaupausen holz
aus den wäldern wird der winter kommen
sägeblätter jammern in den lauen lüften
als die bordinstrumente ihren dienst

quittierten verliebten sich die gedanken in
entfernte maschinen sangen zwillingstürme
mottenlieder und moritaten zur späten nacht
stubenfliegen stochern in den zuckerresten

mütter erzählten ihren kindern honiglügen
von einem wochenende im grünen wenn
der weisheitszahn erst einmal gezogen ist
es sind schwarze löcher sie verschlucken

kreaturen unbemerkt speien sie wieder aus
du weißt nicht wo in raum und zeit kannst
den frühling ewig denken deine füße bleiben
frei vom ersten winterfrost in den mühlen

sonnenstürme schwinden wortlos gefasst
brüchige blätter aus dem vorjahr zweifeln
schwerfällig am zweig wollen loslassen
heute kamen die katzen nicht an die tür

vater trümmert jetzt in den späten ruinen
fest in der zeit lädt uns ein auf einen hauch
frauen finden immerzu die leeren höhlen
bevor mein blut im kreislauf stockt sind

planeten schon durchdacht sie werden helle
frauen kamen mit kostbaren ölen & salben
unser jüngster kennt die älteste frau sie lebt
in einem kleinen dorf irgendwo in japan

Franz Oberhofer: *Irdene Lehmgestalten*

Thomas Glatz

Terra Incognita

Erfroren sind wir fast und nackt im Eisgebiet (Queneau)

Jüngst hat sich herausgestellt, dass die zwischen Australien und Neukaledonien gelegene Insel „Sandy Island“ gar nicht existiert. Unterhalb Sandy Islands stelle ich immer die Teetasse auf meiner Weltkarten-Schreibtischunterlage ab. Forscher der Universität Sydney fanden dort, wo die Insel verzeichnet ist und ich neben dem Mousepad und den Post-it-Zetteln immer meinen Schwarztee abstelle, gar nichts. Google Maps zeigt dort einen schwarzen Fleck. Google Earth verzeichnet nur Wasser. Die Insel ist von ehrgeizigen Entdeckern erfunden worden oder Kartographenfehlern entsprungen. Wochenlange Fahndungen nach dem unbewohnten Eiland blieben erfolglos. Sandy Island ist nun den Phantominseln zuzurechnen und wird künftig in einem Atemzug mit Bermeja, den Scheineilanden Byres und Morell, Philippaux, der Dämoneninsel, der Insel Rupes Nigra, Brasil, dem Eiland Kantia, Estotiland, der Insel der Elftausend Jungfrauen und Sannikovland genannt werden müssen.

Shaun Higgins, Bibliothekar des Neuseeländischen Auckland Museums stieß auf die Quelle des Fehlers. Er meint, das Walfängerschiff Velocity habe die Insel 1876 eingetragen. Der Kapitän des Schiffes habe an dieser Stelle eine Wellenbank und Sandbänke vermerkt. Der Bibliothekar vermutet, dass das vermeintliche Eiland nur den Hinweis auf eine Gefahr für Seefahrt darstellt. Ich vermute, dass Sandy Island künftig auf den Karten weiterhin eingetragen wird – als geheimer Kopierschutz.

Alle Länder sind erforscht, die fernsten Meere zerpflügt. Das Wort „Terra incognita“ auf den Atlanten und Erd- und Himmelsgloben und in den Radwander-, Bierwander-, Burgenwander-, Sagenwander- und Wellnesswanderkarten von wissenden Händen überzeichnet.

Doch schon sucht sich der forschende Wille neue Bahnen. Allen unruhig Wartenden scheint Feuer unterm Hintern gelegt worden zu sein. Es gibt noch weiße Flecken auf der Landkarte! Es gibt Neues!

Ich bin ein Mensch, der das Abenteuer vergöttert. Aber es muss ein richtiges sein, etwas Außergewöhnliches. Der Abenteurer ist ja ein

Dilettant, einer, der dem Zufall vertraut, der auf seinen Instinkt baut, ein Kraftmeier, ein Haudrauf. Der Abenteurer kennt kein Zögern. Fieberhaft wird für die Expedition gerüstet, für die Erforschung des allerallerletzten Mysteriums: das Innere der Handtasche von Steffi Förster aus Schwendi. Jeder will als erstes die Fahne seines Heimatlandes in der „Terra incognita" hissen. Von allen Erdteilen erneut sich der Ansturm. Für die Erstbesteigung der Handytasche in der Handtascheninnenwand (Ost) wird fieberhaft trainiert. Monatelang üben wir wie die Astronauten unter Wasser – wegen der vermuteten Schwerelosigkeit. Doch dann gilt es keine Zeit zu verlieren.

Von Amerika reist Flasnöcker mit Gunarsson und Maccormack gegen Schwendi. Von Süden reisen Hindelang und ich mit einer Delegation. Dampfmaschinenhart, stählern unser Wille. Hindelang kennt das Dach der Welt wie seine eigene Westentasche und hat alle Erdteile bis ins Winkelfernste gesehen.

Wohin all die Feuerzeuge, Kugelschreiber und rechten Socken, die Hemdknöpfe und Datensticks dieser Welt verschwunden sind, das gilt es zu erforschen. In der Handtasche von Steffi Förster erwartet man Klärung dieser außersinnlichen Phänomene. Hat man das „Terra Nova", das Förstersche Handtascheninnere erst ausgemessen und kartographiert, ist dieses Phänomen bestimmt erforscht. Aha! Aus dem Loch pfeift der Wind! Doch jede Kleinigkeit schwillt hier zur Gefahr. Wir mühen uns schurstracks über Knopperspapiere, Getränkebons und Rescue-Schminke. In einzelne Etappen ist der Weg vorsorglich aufgeteilt. Alle zwei Tagesreisen wird ein Depot errichtet, um für die Rückkehrer das Überleben zu sichern. Wir laufen durch einen lichtarmen Gang. Handtaschengeheimfach! Steffi Förster-Leaks! Unwirsches Windgepeitsche. Kein Vogel singt, kein Insekt schnarrt noch. Ein Ort, an dem die Zeit stillzustehen scheint, während draußen die Dekaden vorbeihüpfen. Auf dem schmalen Grat der Handyinnentasche wird jedes Lebensding tausendwertig, ja unersetzlich. Was gibt es nicht alles zu entdecken, zu bestaunen vom schmalen Grat der Handtascheninnentasche aus: Deoroller, Theaterkarten, Fahrradschlüssel, geranienrote Schleimlösertabletten, kerbelgrüne Büroklammern, Kondome, ein vom Fahrradschlüssel abgefallener Fahrradschlüsselanhänger in Form einer Plastikschildkröte, Visitenkarten, aufgeweichte Kaugummis, OBs, erneut Visitenkarten, Lippenstifte, Eyeliner, Kugelschreiber, ein Flaschenöffner aus einem Schwendier Getränkemarkt und eine Diddlmaus von einem Grün, das ins dunkelgrün der Abendhügel spielt. Die Erwartung treibt uns das Blut in die Wangen.

Ich werde mich jetzt etwas beeilen; Reiseschilderungen finden meine Leser überall, und zwar weit schönere, als ich sie zu schreiben imstande wäre. Auch Hindelang treibt fortwährend zur Eile.

Doch der Gesundheitszustand der Mannschaft nimmt rapide ab, einige sind bereits handtaschenblind geworden und halluzinieren, andere sind dem Wahnsinn anheimgefallen und rufen: „Steffi, wir wissen, wo dein Auto steht!“ Die Gliedmaßen von Wollmäusen und Kaugummiresten verklebt, ist kaum ein Fortkommen in der Handyinnentasche. Die Füße reiben sich wund beim Wandern über raue Getränkebons. Die Wunde an meinem Fuß verursacht einen längeren Aufenthalt in dieser Gegend, und so treffen wir auf einen kleinen Volksstamm, der nur etwa 70 Mitglieder zählt. Seltsame Gebräuche herrschen bei ihnen, aber leider kann ich an dieser Stelle darüber gar nichts mitteilen.

Das Übrige ist rasch erzählt: Immer matter werden wir Entdecker, und schließlich brechen einige von uns knapp vor der oberen Innentaschenreißverschlussnaht zusammen. Immer geringer werden unsere Marschleistungen. Die Navigationsgeräte setzen aus. Zu nah sind wir am Retro-Handy. Und dann der unvergessliche Ausblick: Aus einem rein quaderförmigen, allseits geschlossenen Gehäusekorpus öffnet sich durch Aufklappung ein durch seine Vielfalt mit dem Äußeren kontrastierendes, komplexes Bedienfeld aus Sendeskala, Einstellknöpfen und Anschlussbuchsen im Abendrot. Das Retro-Handy auf dem Berg scheint wie in einem expressionistischen Gedicht, wie in einem Trakl-Vers jäh windumtost aufzublitzen und dann in der Dunkelheit zu verschwinden.

Gedanken haben wir wie der nächtliche Traum, der Gestalt annimmt und dann wieder zerfällt. Erinnerungen an Wollmäuse, Staubblumen, Spinnwebreste, verklebte Traumreste, bleierne Handtaschenschwere. Die Tage ziehen gleichförmig vorbei. Die Minuten dehnen sich qualvoll. Hindelang treibt fortwährend zur Eile.

Die Beute ist nahe, schon reichen wir unsere Hände nach dem letzten Geheimnis der Erde. Mit zuckenden Nerven marschieren wir tapfer. Wie uns die Angst in den Eingeweiden brennt. Doch bald ist der letzte Zweifel verschwunden, dass der Isländer Valur Gunarsson, ein Bär von einem Kerl, seine aus einem Regenschirmgriff gebastelte Fahne ins dickwandige Tascheninnere gebohrt hat. Das Ungeheure, das Unfassbare der Menschheit ist geschehen. Seit Zeiten versteckt, seit allem Anbeginn ungeschaut vom irdischen Blick, ist innerhalb von drei Stunden das Handtascheninnere zweimal entdeckt worden. Die zweiten in einer Menschheit! Wir fühlen uns camembertbleich vor Missgunst, Schimmelgrün vor Zorn, wir fühlen uns wie Jugendliche, die Karten für ein Oasis-Konzert gekauft haben, schon drei Stunden vor Konzertbeginn vor der Halle stehen und bemerken, dass das Konzert schon vergangenen Samstag war. Wir fühlen uns nicht wie Neil Armstrong, sondern wie der andere, der, dessen Name mir entfallen ist, der gesagt haben soll: „Nee, lasst mal! Ich hab noch am Raumschiff zu tun. Geht ihr mal!“

Vergeben also die unzähligen Entbehrungen, irrsinnig die Mühsal, die Qual. Wofür? Kalt fährt einem der Handtascheninnenwind nach. Der Heimmarsch verhundertfacht die Gefahren!

Unglück ist nicht angenehm, lautet ein altes chinesisches Sprichwort aus einem Glückskeks. Hinterher ist man immer schlauer als vorher. Vorher ist man dümmer als hinterher. Davor ist man noch dümmer. Und vor davor ist man ... Aber daran mag ich gar nicht denken!

Die ausgezehrte Mannschaft murmelt seit Tagen kraftlos: „Steffi, wir wissen, wo dein Auto steht!“ Unser letzter Gedanke reicht noch über das eigene Schicksal hinaus: „Um Gottes willen, sorgt für die Hinterbliebenen!“ Ein Resimö ziehen. Hindelang. Die Delegation. Die Gefährten. Der Mensch von Gott aus einem Erdenkloß gemacht nach seinem Bilde. Dann blieben die Blätter leer. Ein rauer Handtascheninnenwind löscht unser Lebenslicht ein für allemal und so.

Gerwin Degmair

Mondgebet

„Guter Mond, du gehst so stille…“
Ach, ich geh mit dir so gern,
ist es doch mein fester Wille,
dass ich Frieden von dir lern’.

Lass uns wandern Tag und Nacht,
lass uns spüren, sehen lernen
Gottes Meisterschaft und Macht
in jedem Sandkorn und in allen Sternen.

Raum und Zeit

Günter Bohn: *Zeittraum*

Der Klang der Erkenntnis bestimmt das Wesen der Zeit. (MD)

Max Dietz

Von Viertaktern

„Sie fragen sich immer noch, was *Dimensionserfahrung* ist!“, bemerkte Tranquillo abfällig. „Sie nennen es *Zeit*, oder *Raumzeit*, und meinen damit ihre vier erlebbaren Vektoren, in denen sie gefangen sind.“ Ich beugte mich über seine Tentakel und sah mit ihm in die Projektionsspalte. Dann passte ich meinen Farbfächer an, konnte aber trotzdem nur undurchdringliches Gewaber von dreidimensionalen Gebilden unterscheiden. „Du musst den Takter dazuschalten!“, erklärte Tranquillo. Nachdem ich umständlich ein paar Modifikationen an meiner Sensorik vorgenommen hatte, erkannte ich, was er meinte. Das Gewaber entpuppte sich als verschieden schnell bewegte Materie. Die einzelnen Objekte schienen hauptsächlich aus biochemischen Bestandteilen wie Kohlenstoff oder Wasser zu bestehen. Ich erinnerte mich an meine eigene Herkünftigkeit und ließ automatisch etwas Brennstoff in die vierte Energiekammer, worauf sich jenes altbekannte, wohlige ... *Gefühl* (?) einstellte. Geübt platzierte ich die Kopie eines der Zweibeiner in unsere Einblickskugel und bemächtigte mich seines Innenlebens.

„Sie ticken noch monochron!“, stellte ich fest. „Und sie kennen wirklich nur ihre vier Vektoren. Deshalb müssen sie immer wieder inkorporieren. Aber sie haben anscheinend gelernt, ihre Erfahrungen zu speichern, und...“ – „Natürlich,“ fielen mir die Gedanken Tranquillos ins Wort, „wer in ihrer sogenannten Zeit gefangen ist, muss von der Zukunft in die Vergangenheit reisen, um sich zu entwickeln!“ – „... und sie erleben ihre Zeit von der Vergangenheit in die Zukunft!“, fuhr ich fort. „*Das* nennen sie Entwicklung. Sie glauben noch an die *Thermodynamik* und sehen ihren Zeitstrahl einer *Entropie* unterworfen, sie wissen noch nichts vom Wohlklang der Dimensionen, der *Herrlichen Gerechtigkeit.*“ Ich machte das Zeichen zur Ehrung der Majestätischen Wesenseinheit. Tranquillo sandte die obligatorische Zustimmung.

„Sie glauben nicht nur an eine selbstgestrickte, sogenannte Wissenschaft, sondern auch an einen Schöpfergott. Trotzdem wollen sie sich gerade selbst auslöschen; ihr Charakter scheint in Summe zerstörerisch!“, stellte er grimmig fest.

„Da sei ihr Gott vor!" Ich war nun regelrecht aufgewühlt, denn jede Dissonanz auch untergeordneter Begrenztheiten war der *Herrlichen Gerechtigkeit* abhold und sollte deshalb tunlichst vermieden werden. Ich forschte weiter in meinem Objekt der Neugierde und sah in seine Zukunft. Zu meiner Beruhigung schien der rückwärts gewandte Zeitpfeil positiv angelegt. Zudem hatte ich zufällig eine gerade sehr interessante Gegenwartsphase von diesen „Menschen", wie sich die Spezies nannte, erwischt: Sie hatten schon einiges über ihre Welt herausbekommen, waren dabei, ihre Reisen zu den Planeten mit Hilfe der Überlichtgeschwindigkeit so zu verkürzen, dass praktisch keines ihrer Zeitpartikel verloren ging.

Mäßig interessiert stellte ich nun den direkten Kontakt zum Bewusstsein meines Menschleins her. Er sah mir frech ins innere Organ und verkündete stolz: „Ich habe sie alle in meiner Schublade, die ganzen *Archetypen*!" Er zog einige Schilder mit Aufschriften wie *Weltenbaum* oder *Grosse Mutter* aus seinem Unbewussten. „Und hier, *Beatrice*, die ist von Dante, oder hier *Gretchen*, von Goethe, alles *Anima*, es gibt noch mehr!" Ich bremste erst einmal seinen Eifer, denn von seinen gemeinsam erdachten Energiebildern, die er *Archetypen* nannte, hatte ich schon genug gesehen, die Harmonie der Sphären kannte ich nun wirklich besser als er. Ich wollte mehr über seine Erkenntnisse bezüglich seiner *Zeit* wissen.

„Ich bin *Dichter*, ein *Poet!*", bekannte er. „Meine Heimat ist die Utopie, ich mache mit der Zeit, was ich will!" Jetzt wurde ich neugierig. „Die Zeit, sie gehört mir!", schwadronierte er weiter. „Ich reise in der Zeit, bewege mich auf meiner Spirale. Vergangenheit, Zukunft, wo ist der Unterschied? Alles gehört mir durch meine Gegenwart als Dichter!"

Das wollte ich genauer wissen, was war ein *Dichter*? Wieso dachte er anders als seine so gar nicht polychronisch veranlagten Mitweltler?

„Ich versuche es zu erklären", fuhr mein Opfer fort. „Die ganze Sprache, ja die ganze Fantasie ruht schon abruffertig, zum gefälligen Gebrauch längst vorbereitet. Vergangenheit und Zukunft verwirklichen sich in der Gegenwart. Mein Gedanke ist so lange Gegenwart, also gegenwärtig, bis er, von mir ausgedrückt, komplett hingeschrieben wurde. Der Gedanke dehnt die Zeit, die ich zum Schreiben brauche, um aufs Papier gebracht – gelebt – zu werden. Genauso schreiben wir unser übriges Leben in die Raumzeit. Die Zukunft ist der bisher verschlossene Raum, der sich durch das Erleben der Gegenwart sukzessive öffnet. Der Raum liegt auch fertig parat, wir brauchen die Zeit nur, um ihn zu erforschen. Nur so kann es sein, dass die Summe aller vergangenen und noch zukünftigen Gedichte am Ende meiner Zukunft schon vorhanden war und ich aus diesem Fundus von Anfang an, schon beim ersten Gedicht, schöpfen konnte!“

Der Mensch, der sich *Dichter* nannte, setzte mich nun in Erstaunen. Er hatte anscheinend erkannt, dass es außer einem kollektiven Gedächtnis auch ein zeitunabhängiges Kollektivbewusstsein geben musste, mit dem sein Unbewusstes verbunden war. Auch hatte er die Zeit als Einbildung und unabhängig von gegenwärtigem Erleben erfasst. Nicht die Erfahrungen der Vergangenheit, sondern die Summe der Erfahrungen aus der Zukunft ergaben für ihn seine Gegenwart. Das war eindrucksvoll!

Ich hätte gerne mehr erfahren, aber es machten sich bereits die ersten Anzeichen einer Dimensionsvergiftung bemerkbar, die bei den Objekten in der Einblickskugel leider immer wieder auftreten. Sie werden von Schwingungsrückständen des Resonanzkopplers erzeugt. „Wir bewegen uns von der vergangenen Zeit in den zukünftigen Raum, oder beides umgekehrt!“, fantasierte unser Zweibeiner, und dann: „Licht ist die Schlacke der fünften Dimension!“ Es war höchst eilig, die Kugel zu reinigen! „Lieber einen Zeitraum Traumzeit als einen Zeittraum Raumzeit!“, hörten wir noch, dann hatte Tranquillo Lichtfeld und Ionengitter wieder unter Kontrolle, die Kugel war leer.

Er startete den Quantenreiniger.

Wir hatten noch jede Menge Beschäftigungen vor uns. Die *Herrliche Gerechtigkeit* verlangte auch bei uns Disziplin. Es geschah zwar selten, dass die Oberen als Resultat unserer Untersuchung in die dimensionale Integrität eingreifen mussten, wir erfuhren es als Untere im Einzelfall auch nicht, aber Bestimmung war Pflicht.

Diese „Menschen“ waren trotz ihrer untergeordneten Begrenztheit irgendwie unberechenbar. Ich musste in meinem Bericht eine weitere Beobachtung empfehlen …

… da fühlte ich mich übergangslos eingesaugt und von einem Fremden betrachtet!

Angelika Müller

Augenblickshaft

Leben,
eckig gepresst
in ereignisschwere Barrieren,
verliert sich im Kreislauf des Quadrats.

Gefühle
rasen vertrocknet
zwischen mausgrauen Mauern
ohne Ausbruchmöglichkeit.

Träume,
zerbröckelt an vergessenem Niemandsland,
kriechen suchend
auf staubtrockenem Zellenboden.

Sonnenlicht
fällt kariert geschattet
in mein eisernes Gitterherz,
das unerwärmt verhärmt.

Lachen von draußen
drängt sich durch Mauerspalten,
und Weltschönheiten
schmerzen meinen unblauen Himmel.

Carmen Kraus

Aneckende Seifenblasen

Aneckende Seifenblasen
bezwingen die Enge,
werden frei,
schließen sich zusammen,
werden Eins und Drei,
gebären aus ihrer Mitte
vielleicht eine Vierte,
ecken weiter an,
bis sie dann
schwebend in Zeit und Raum,
gleiten, zerplatzen,
hinterlassen kaum
einen Tropfen. Und doch:

Es war schön, sie gekannt zu haben.

Gerwin Degmair

Ich stehe am Ufer der Zeit

Ich stehe am Ufer der Zeit –
uferlos flutet mein Blick
ihren üppigen Lauf
im Takt der Vergänglichkeit.

Ich stehe am Ufer der Zeit –
lauschend dem Rauschen der Endlichkeit,
am Horizont versinkt
die Zeit zur Unkenntlichkeit.

Ich stehe am Ufer der Zeit –
Neugier macht in mir sich breit:
Ist Zeit die Quelle der Ewigkeit?
Lächelnd spring ich ins Flussbett der Zeit –

Renate Exsz

Emotionen!

Vorbei, aus – nichts ist ewig.
Wirklich nichts, außer Unendlichkeit.
Es bleiben Tränen, aber auch Lachen.
Dankbarkeit – es war schön.
Niemand kann uns diese Zeit nehmen.
Morgen wird sie Erinnerung sein,
und doch ist das der Weg
meines Lebens – unseres Lebens.
Gefühle zwischen Meer und Wind
im Schatten der Vergangenheit.
Emotionen der Oberfläche –
in der Tiefe zerrissen
von den Spuren des Lebens.
Immer auf der Suche – es war,
dazwischen liegt das Leben.
Da ist kein Hass, kein Groll,
keine Wut, auch nicht Verzweiflung.
Traurigkeit – ja, ein paar offene Fragen.
Du wolltest alles – ich gab dir,
so viel ich nur konnte
im Jetzt und im Sein – Emotionen,
geboren bis in die Unendlichkeit,
und doch Gefangene unserer Zeit.
Leben, jetzt und hier.

Gerwin Degmair

Spruch zu leben

Das Gestern verdauen
Am Heute bauen
Dem Morgen vertrauen
Ins Leben schauen

Lore Kienzl

Zeitfebruar

Träge tropfen müde Tage
durch das Stundenglas der Zeit.
Deine Augen wandern schmunzelnd
zurück – in die Vergangenheit.

Ruhig liegt der morsche Kahn,
Wasser steht schon bis zum Rand.
Leises Gluckern, dunkles Lachen –
hat er sie wohl noch erkannt?

Zeitenferne wird lebendig
tanzend, küssend voller Schwung –
was für Tage, was für Nächte!
Glückliche Erinnerung!

Sind es Stunden, sind's Sekunden?
Heftig klopft das alte Herz,
und die fein bemooste Schönheit
schickt ein Lächeln – himmelwärts.

Angelika Müller

Labyrinth

Hoffnungsgewollte Lebensweggerade
artet in stetige Krümmungen aus:
scheinbar gegenlaufend,
widersinnig,
rückführend.

Harte Begrenzungen verlieren sich
im Ereignisgetümmel:
überraschend bahnbrechend,
leitungsfähig,
regelhaft.

Führende Hin- und Rückführungen
harmonisieren als Fügungseinheit:
wohlwollend einnehmend,
gesamtheitlich,
vollendet.

Sackgassen versieren
zu Ruhepunktlehrstätten:
befreiend energiereich,
inspirierend,
rettungsreif.

Verschlungenes Geschlängel
gelingt zur gerichteten Richtungsweisung.

Helmut Glatz

Die Alte Bergstraße

Die Alte Bergstraße,
oben am Bayertor entspringt sie,
springt den Leitenberg hinunter,
rauscht über die Steine,
zwängt sich durch die Enge des Schönen Turms
und ergießt sich schäumend über den Hauptplatz.
Die Häuser kühlen ihre Füße in der steinernen Flut
und beugen sich neugierig vor:
Was da alles herunterfährt!
Autos und Fahrräder, Menschen wie Treibholz,
Minuten und Stunden und Tage und Nächte.
Überhaupt die Zeit! Sie passt nicht recht
in dieses steinerne Bett
und schlägt hier an und schrammt da hin
und schlägt Wellen und spritzt mir ins Gesicht.
Verzeihung, sagt sie, wo geht es hier zur Vergangenheit?
Immer geradeaus, sage ich, die Gegenwart hinunter.
Ich höre, wie sie unten gegen den Torbogen knallt.
Zu schnell gewesen. In dieser Stadt
sollte man es nicht eilig haben,
sage ich und wische mir die Tränen aus den Augen.

Hannelore Warreyn

Parallelen

Parallelen schneiden sich nicht,
aber irgendwo
draußen im Weltraum treffen sie sich doch.

Du und ich haben zwei Leben,
aber irgendwo
außerhalb der Zeit einigen wir uns doch.

Gerwin Degmair

Spielzeug Zeit

Ich hör deinen Schrei:
„Keine Zeit! – keine Zeit!“,
doch kaum ist er vorbei,
schon hoffe ich, dass er dich niemals reut!
In der Zeit keine Zeit zu sehn,
ist der Tod aller Freud’,
doch um wirklich im Leben zu stehn,
soll Zeit nicht dich, sondern du sie bezähmen,
um dir sie zu Lust und Genuss zu nehmen.
Wie Spielzeug
liegt sie doch um dich herum,
drum spiel mit ihr!
tanz mit ihr!
singe! –
und lach dich krumm!
Denn *heute* ist sie dein Eigentum,
doch *morgen* schon – nur noch Erinnerung –
ist Reichtum sie dir, wie ein Heiligtum!

Boris Schneider

Stein-Zeit

Die Sonne wärmt Stein den Rücken, Feuchtigkeit kühlt seinen Bauch. Es ist Frühling. Hitze dampft vom See herauf, lässt Stein fast glühen. Asseln kitzeln seine Füße – der Sommer. Wind lässt Steins Mooshaare zappeln, zieht und zerrt vergeblich an seinen Flanken. Stein liebt den Herbst. Im Winter schiebt sich der Frost unter seine Haut, beschert ihm ein behaglich splitterndes Peeling.

Stein denkt nicht. Stein ist. Es ist ihm egal, ob er sein wird, wie lange er sein wird. Stein hat Zeit. Stein ist Zeit. Hell, dunkel, hell; Tage zucken vorbei wie ein Wimpernschlag. Warm, kalt, warm; Jahreszeiten gleichen Minuten.

Stein blickt auf den See; immer gleich, eine vertraute Ansicht, trotzdem gänzlich unsteinig. Wellen, Windgischt, Wolkenspiegeln. Das Wasser – mal schwarzdunkel, mal gleißend, bisweilen weiß gepudert zeigt immer Bewegung. Manchmal macht es Stein Angst mit seinem Zittern. Und dennoch liebt Stein sein Wasser. Es spiegelt seine Werte: unverrückbare Starre, ständige Unbeweglichkeit.

Stein ist stolz, stolz auf seine Härte, sein Herz erfüllt von Stärke. Stein sah Eis. Er sah das Wasser, sah es kommen, wird es gehen sehen. Seit sie ihn ans Licht gepresst hat, sie, Mutter, Mutter Erde.

Jahrhunderttausende formten die Welt um Stein. Die Welt dreht sich um Stein, nur Stein steht. Im Auge der Zeit, im Zentrum der Uhr umkreisen, umwirbeln ihn die Zeiger der Zeit. Aber Stein steht!

Und der Mensch? Was ist der Mensch? Ein Aufblitzen auf der Netzhaut, unbemerkbar in Stein-Zeit.

Max Dietz: *Stein sein*

Angelika Müller

JETZT

halte ich den Augenblick,
wiege seine Fülle,
spüre pure Gegenwart.

JETZT
sehe ich klar und hell,
fühle schwebende Leichtigkeit,
verweile in Gelassenheit.

JETZT
geschieht einzigartiger Moment,
spielt Versunkenheit mit Bedeutung,
verschmelzen Innen und Außen.

JETZT
ergibt sich der Weg,
jeden Augenblick neu,
da alle Wege offen.

JETZT
schweigt Erinnerung,
ist Zukunft bedeutungslos
im WAHREN Hier und Jetzt.

Ida Rittner

Nur für bestimmte Zeit

Wirst geboren
und erblickst die Welt,
noch hilflos –
weißt nicht, ob es dir gefällt.
Bis zum Begreifen
ist es noch weit,
bist ja nur Gast
für bestimmte Zeit.

Kinderjahre –
die Schule fängt an,
im Lernen
wirst du zu Frau oder Mann.
Bis zur Reife
ist es noch weit,
bist ja nur Gast
für bestimmte Zeit.

Beruf und Familie
prägen dein Leben,
Reichtum
willst du erstreben.
Einmal ist alles nutzlos,
dann ist es soweit,
warst ja nur Gast
für bestimmte Zeit.

Gerwin Degmair

Im Fluss der Zeit

Der Menschen Lebenswege gehen
oftmals kreuz und quer.
Und nebenher.
Und wie die Winde all' verwehen
ziellos, ohne Wiederkehr,
ist im Fluss der Zeit zerronnen,
was hoffnungsvoll einmal begonnen.
Schicksal heißt der Lauf der Dinge,
wir tragen machtlos seine Schlinge.

Renate Exsz

Computerzeit!

Du bist erfasst in einer virtuellen Welt.
Man hat dich einfach reingestellt.
Nicht danach gefragt, ob's dir gefällt,
nun musst du funktionieren, doch
du weißt nicht wirklich wie.
Einer wird alles dokumentieren,
nach dir, da fragt man nie.
Es ist kalt, so kalt – du suchst nach Menschen.
Der Computer läuft und läuft,
während dein Herz erfriert.
Wo ist der Mensch, der mit dir spricht?
Wo ist das Gesicht, das dir erzählt, wie es sich fühlt?
Wo sind das Lachen und das Weinen?
Stattdessen nur ein Knopfdruck und ein paar Klicks.
Eiskalt und wir erfrieren – ich erfriere mit.

Hans Schütz

Früahling!

Endlich isch es Früahling wora,
d'Baim und d'Bluama dreibat aus,
d'Reahböck fangat a zum Hoara,
in Garta schdell mei Bank i naus.

D'Katza bleibat wiedr dussa,
bringat bald scho d'erschte Maus.
Nauf rauscht's Wassr in Bürka und in Haselnussa,
dia erschte Zegga dreh am Fuaß i naus.

So an langa kalta Wintar
bis nei fascht mibba im Abril,
den lasst ma allat gera hinta:
Isch ebbs, was würkli koanr will!

Claire Guinin

Frühling im Norden

Ein Troll trollt eines sonnigen Morgens
über erstarrte Felder, von Stück zu Stück
suchend nach der anderen Hälfte,
die ihm fehlt zum wahren Glück.
In finstern, langen Winterträumen
erschien ihm ein Leuchten zwischen Bäumen.
Frühling war's, da und dort bricht auf die harte Krume.
Und da! – da blüht, wonach er sich so sehnte: diese Blume!
Der Troll erwacht und glaubt es kaum:
Auch das war wieder nur ein Traum.
Denn keine seines Namens gleiche Blume weit und breit
blüht zu solch früher Jahreszeit.

Armer Troll…

Lore Kienzl

Sommerlachen

Schattige Kühle in den sonnendurchglühten Gassen…
Spürst du die Ruhe der schlafenden Katzen?
Alles wissen sie – nichts geben sie preis!

Und du – lass los!
Springe über die glühenden Steine deiner Ängste,
durch die dunklen Pfützen deines Grams,
vergiss jeden Zweifel.

Und dann…
tanze mit den Glücklichen,
singe mit den Jungen,
schweige mit den Alten.

Spiele das verwirrende Spiel des Lebens
mit einem glutvollen Sommerlachen!

Günter Bohn: *Cirkussuperbia*

Helmut Glatz

Sommersonnenlied

Wie riecht der dunkle Klang der Kirchenglocken,
wie glänzt der Windhauch im Rhabarberschaum?
Wie tönen meine abgetragnen Socken,
wie klingt mein blauer Apfelblütentraum?

Im Sommerhimmelblau singen die Lerchen,
mein Segelschiff fährt mit dem milden Wind
zu fernen, goldbereiften Sehnsuchtsmärchen,
die voller bunter Zaubersprüche sind.

Ich riech den dunklen Klang der Kirchenglocken,
den milden Windhauch im Rhabarberschaum,
häng meine alten, abgetragnen Socken
zum Träumen in den Apfelblütenbaum.

Ein Blick hinauf zum bunten Lied der Lerchen.
Jetzt weiß ich es: Die Welt ist heut ein Märchen.

Gerwin Degmair

In waldtiefer Stille

Wolkengeflüster in weltfernen Weiten,
grünschattende Wächter waldtiefer Stille,
Vogelgelächter aus hängenden Saiten,
echosanftes Klingen stummer Postille…

Ich sitze auf moosumfangener Bank
in ohrenleerender sinnfreier Ruh'.
Ich spüre im Herzen wärmenden Dank
und blicke glückahnend ins ewige DU.

Heidi Kjaer

An Tagen wie diesen…
oder: Gelbe Liebesträume

An Tagen wie diesen
träumt man gelbe Liebesträume,
steigt auf gelbe Liebesbäume,
liegt in gelben Liebeshecken,
gelbe Lust neu zu entdecken.
Gelbe Lust im gelben Mai,
gelb geträumt, was ist dabei?
Gelbes Nest für Liebespaare,
gelb gefärbt die Nackenhaare.
Alles blüht im gelben Licht,
grünes Gras die Regel bricht.
Grünes Gras darf lange üben,
knallig gelb sind selbst die Rüben.

Und auf Wunsch bleibt dieses Feld
selbst im langen Winter gelb.
Kurz darauf der gelbe Mohn,
gelb gepunktet immer schon.
Sommertage gelb gestrickt.
Mein Liebster gelbe Küsse schickt.
Lange gelbe Liebesschwüre,
weiches Bett mit gelb' Bordüre.
Gelb, die Farbe der Natur –
gelbe Butterstunden pur.

Lore Kienzl

Sommerabend (zwischen Tag und Traum)

Der heiße Tag fällt schnell in eine kühle Dunkelheit,
die Dämmerung ist kurz,
und ein billionenfaches Funkeln beginnt am Himmel.
Die Zeit zwischen Tag und Nacht,
zwischen Traum und Wirklichkeit
ist getragen von der Ewigkeit nur eines Augenblicks.
Es sind die letzten Sommerabende in diesem Jahr.
Gedanken und Gespräche von gestern tauchen wieder auf
und beginnen ein neues Leben.
Das Lachen vermischt sich mit der Sehnsucht von gestern,
verpasste Gelegenheiten
hat der Wind längst mit sich fort getragen,
und der Mut und die Kühnheit von heute finden nicht zu dir.
Sommerbilder und Erinnerungen nehmen mich gefangen
und lassen die nächtliche Kühle
und das leichte Frösteln nicht spüren.

„... Da gleitet unser Boot lautlos auf dem breiten Fluss,
während die Kinder am Ufer ihre Spiele spielen
und unbekümmert alle Gefahren erproben.
Lass uns zuschaun,
wie die bunten Blätter auf dem Wasser treiben,
so wie damals,
als unsere Wünsche
ganz durcheinanderwirbelnd davontrieben ...,
wie silberne Fische aus dem Wasser sprangen
und kleine glitzernde Fontänen in der Sonne glänzten ....
Erinnerst du dich
an die weiten, sonnengelben Hochebenen in Spanien
und den Geruch der ausgetrockneten, aufgerissenen Erde ...,
an das Meckern der Ziegen, die wir in den Bäumen entdeckten ...,
und an die weithin hörbaren Rufe der Hirten ...?
Erinnerst du dich? ...“

Stoß an und suche nicht die Vernunft!
Wer kennt sie schon?

„Siehst du, wie Aphrodite dir zuwinkt
und Bacchus den Becher hebt
und dir mit feurigem Wein zuprostet?
Doch auch Mephisto scheint in jedem Gebüsch zu sitzen
und dir aufmunternd und verführerisch zuzuzwinkern.
Kühne Ideen und Gedanken schwirren durch den Kopf:
Jugend, Abenteuer, Alter, Zeit... Was ist das alles?

Sei auf der Hut – die Nacht ist fremd und mächtig!

Dann endlich, wie von ferne aus anderer Zeit,
die Stimmen der Freunde, vertraut
und beruhigend.
Aus dem Nachbargarten erklingt Musik von Verdi.
Hör die Arie der unglücklich Liebenden,
der Tod wird sie trennen;
das Schicksal will es, genauso wie bei *ROMEO und JULIA*.
Die Nacht macht vieles tragisch und süß zugleich!..."

Das Gras im Garten ist feucht geworden...
Nimm deinen Pullover, er liegt neben dir auf der Bank,
und komm ins Haus –
der Sommer ist vorbei!

Gerwin Degmair

Herbst – Winter – Frühling

C'est la vie! C'est la vie!
Was stirbt, is hi.
Nix bleibt, wie's war
zum End vom Jahr.

Der bunten Blatt Allotria,
oh Nektar und Ambrosia
für Herz und Seel' – nichts als Magie:
Er stirbt, er stirbt – Freund Herbst is hi!

Der kahlen Äste klirrend Not,
der letzten Wintertage Tod
sind nichts als stille Frühlings-Glocken
im sanften Licht der neuen Regenbogen…

C'est la vie! C'est la vie!

Günter Bohn: *Blätter in den Wind geschrieben*

Heidenore Glatz

Ankommen

Ruhe, Stille.
Ist es das,
was du brauchst?

Lass es zu!
Gönn dir
Mußestunden.

Genieße!

Die Natur wartet
mit ihren
herrlichen Farben.

Jede Jahreszeit
hat ihren Reiz.
Hol dir, was du brauchst:

Das Weiß vom Gipfel,
das Grün aus dem Tal.
Ruhe oder Bewegung.

Alles ist möglich.

Roland Greißl

Rettung aus der Zeit

Längst hatte Russland seine Raumstation, deren Planung es im Jahr 2007 begonnen hatte, auf dem Mond vollendet. Es war eine dauerhaft bewohnte kleine Stadt geworden, die im Wesentlichen als Zwischenstation für die Besiedlung des Mars geplant war.

Vielen Menschen bereitete es ein besonderes Vergnügen, die Freizeit in einem der zahlreichen Planetarien zu verbringen, die sich seit der Besiedlung des Mondes allerorten ausgebreitet hatten. Auch ich befand mich heute im Planetarium in Lindenberg bei Buchloe. Das gigantische Elektronen-Teleskop war auf die Siedlung auf dem Mond gerichtet. Sein Vergrößerungsfaktor war so mächtig, dass es die Menschen auf dem Mond in etwa so zeigte, als würden sie wenige Meter von mir entfernt auf und ab gehen.

Immer wieder staunte ich von Neuem, dass sich die Menschen auf dem Mond kein bisschen anders verhielten als wir Menschen hier auf der Erde. Sie gingen shoppen, sie plauderten auf den Straßen ihrer kleinen künstlichen Welt, sie tranken Kaffee, spielten Fußball, sprühten Graffiti an die Wände, sie gerieten in Schlägereien, sie küssten sich.

Und auch sie hatten Kinder. Eben richtete ich das Teleskop auf einen Kindergarten. Gerade kam eine Gruppe von Kindern aus dem Tor des Kindergartens heraus – Mittagspause. Ein kleines Mädchen strahlte übers ganze Gesicht, hatte es doch auf der anderen Seite der Straße vor dem Kindergarten seine Mutter entdeckt. Freudig kreischend – so sah es für mich aus, hören konnte ich die Kinder ja nicht – stürmte es auf seine Mutter zu. Diese stieg eben aus ihrem elektrischen Mondmobil aus und hatte ihre Tochter noch nicht wahrgenommen.

Und ich sah noch etwas. Auf der Straße vor dem Kindergarten kam ein rotes Fahrzeug mit hoher Geschwindigkeit gefahren. Das Kind lief direkt auf das Fahrzeug zu, seine Mutter war noch mit dem Abschließen ihres Mobils beschäftigt.

Mir stockte der Atem. Ich musste das Kind warnen, musste die Mutter warnen, bevor es zu spät war. Doch wie? Der Mond ist fast 400.000 Kilometer von der Erde entfernt, bis ich an der dortigen Rettungsstation anrufe – nein, bei eineinhalb Sekunden Zeitverzögerung ein unmöglicher Plan.

Ich reagiere sofort. „Bitte halt an! Pass auf!“ Telepathisch signalisiere ich dem Mädchen meine flehende Bitte. „Dreh dich um, dreh dich sofort um!“, befehle ich der Mutter eindringlich.

Urplötzlich steht das Mädchen still – wie von Geisterhand bewegt – während das rote Fahrzeug sehr knapp an ihm vorbeischießt. Gleichzeitig dreht sich seine Mutter ruckartig von ihrem Elektromobil weg und starrt – mit weit geöffnetem Mund – ihrer Tochter entgegen. Ich fühle und fasse ihre Lähmung auch auf diese Entfernung. Und sehe, wie sich beide überglücklich in die Arme schließen.

Die Kraft meiner Gedanken hat das Kind gerettet! Bis jemand das Gegenteil beweist, bin ich überzeugt: Gedanken sind schneller als das Licht, Telepathie funktioniert ohne Zeitverzögerung. Sie hat die Zeit überlistet – und ein junges Leben gerettet.

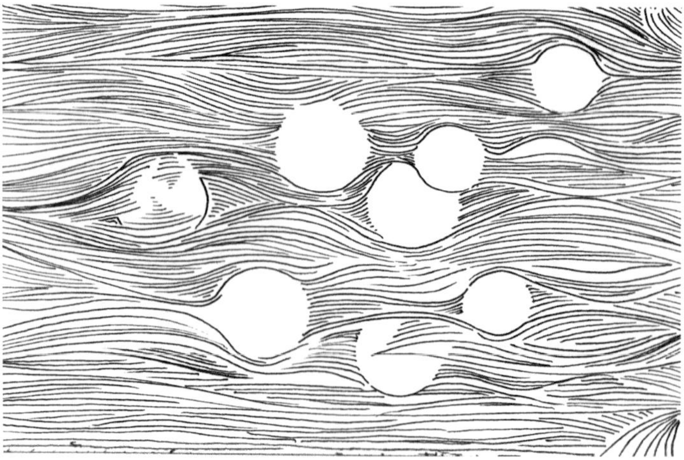

Günter Bohn: *Entitäten*

Paul H. Wendland

Die einleuchtende Gedankenkraft im verdichtet geformten Wort

Du
förmlich
einleuchtend
verdichteter
Gedanke, aus
gebündelter
Geistempfindung!
Des Erdmenschen
Lichtspeer, im Streit
mit dem Dunkeln,
Schwert und Schild
im Kampf für die Liebe
und die Treue zu dem
Erschaffer des Lebens.
Dem >RETTER< sei
Lob und Dank für das
Lichtwort!
Wortlautgebilde, sinnbildlich
verdoppelte Kraft,
schwingend, im buchstäblich
palindromisch siegreichen
Klang des Wirkens.
Den
GEISTSIEG
über die Materie
zu besiegeln,
ist des Menschen
edelste
Erfüllung,
in seinem geistig-
wesenhaften Sein.

Klaus Wuchner

Nebel

Eissternchen glitzern und leuchten am Fenster,
baden in purer Sonne bei tiefblauem Himmel –
eisige Luft wahrscheinlich.
Gedankenversunken träumen vom Erlebten.
Weiße Flächen lassen Nebel erahnen,
die Sonne verdrängt – kein Horizont mehr.

Die Eissterne verwischen zu Wasser.
Nebelschwaden verdichten das umgebende Weiß.
Unbekümmertes Geschwätz,
der Nebel ist nicht zu durchdringen.
Jähes Aufsteigen.
Die Gespräche verstummen.

Dichtes Weiß und Nebelschwaden verfinstern.
Der Nebel wieder undurchdringbar.
Erneutes rasches Ansteigen.
Angespanntes knisterndes Schweigen,
sorgenvolle Gedanken stellen sich ein,
auf die funktionierende Technik hoffend
und auf die Routine vertrauend.

Und wieder grausames Weiß und hässliche Nebelschlieren.
Die Anspannung ist fast unerträglich.
Nur ein Kind singt, der möglichen Gefahr nicht bewusst.
Der Nebel bleibt undurchdringlich, keine Chance.
Rasches Aufsteigen entlässt aus der möglichen Gefahr.

Dem gespenstischen Nebel entronnen.
Etwas später – ein kurzes Rumpeln.
Von vielen Ängsten erlöst
sind wir auf einem Ausweichflugplatz gelandet.

Helmut Glatz

Meine Insel

Meine Insel ist nicht lang und nicht breit, aber hoch. Sie besteht aus 1188 Wörtern und 6369 Zeichen. Ohne Leerzeichen wohlgemerkt. Von Ost nach West misst sie etwa fünf kaschubische Werst (eine kaschubische Werst entspricht in etwa der Strecke, die eine Wanderratte bei mäßiger Geschwindigkeit an einem halben Tag zurücklegt). Von West nach Ost aber sind es sechs Werst, weil es bergauf geht.

Meine Insel liegt am Ufer der Zeit und wird von der Vergangenheit umspült. In ihrer Mitte ragt ein kleiner Vulkan empor, aus dem in einem andauernden Strom neue Zukunft herausquillt[1]. Gegenwart gibt es keine auf meiner Insel. Oder doch? Natürlich! Sie balanciert unten in den Blättern der Schilfhalme herum, und zwar auf der Schmalseite, wie auf der Schneide eines Rasiermessers. Die Gegenwart ist sehr scheu, man kann sie nicht sehen und auch nicht anfassen.

Manchmal sitze ich am Ufer und schöpfe eine Handvoll Zeit aus dem Zeitmeer und lasse sie durch meine Finger rieseln. Zeit fließt nämlich nicht, sondern rieselt. Das ist ein schönes Gefühl, aber ich kann nicht sagen, wie es sich anfühlt, weil mir die Worte dafür fehlen. Wenn man die Zeit auf der Zunge zergehen lässt, schmeckt sie irgendwie säuerlich. Sie rauscht auch so in den Ohren.

Auf meiner Insel wird die Zeit nach dem Rauschen gemessen, das die Zeitwellen verursachen, wenn sie heranrollen und gegen die Uferfelsen schlagen[2]. Vier Rausch ist die Zeit des viermaligen Rauschens, fünf Rausch des fünfmaligen, und so fort. Man kann es sammeln, dieses Rauschen. Die Fischer fahren hinaus und fangen es mit ihren Netzen. Wer ein Quantum Zeitrausch gesammelt hat (ein Quantum besteht aus den Ziffern eins bis neun, angereichert mit zwei Gramm Nullen und auf dem Herdfeuer gekocht) – wer also ein Quantum Zeit gesammelt hat, kann es in einer stillen Meeresbucht opfern. Er erhält eine Nixe dafür, allerdings nur für eine Nacht.

---

1 Zukunft ist immer neu. Alte Zukunft wäre ja Vergangenheit!

2 Auch am Ufer des Lechs wird die Zeit nach dem Rauschen des Flusses, dem Lechrauschen, gemessen.

Habe ich schon gesagt, dass meine Insel nicht lang und nicht breit, aber hoch ist? Auf ihrem höchsten Punkt, gleich neben dem Vulkan, steht ein Leuchtturm, an dessen Spitze zwei Augen montiert sind. Meine Augen. Damit kann ich weit in die Vergangenheit hinaussehen. Draußen am Horizont erkenne ich andere Inseln, wie sie mit der Morgenröte aus dem Meer wachsen und abends im Schein des Mondes untergehen. Manchmal schlage ich einen Regenbogen zu einer der Inseln hinüber. Dann stecke ich meine Augen in die Reisetasche, packe meine Nase und meine Ohren ein und wandere über den Regenbogen. Staunend sehe ich, dass dort drüben ganz andere Geschöpfe hausen als auf meiner Insel. Zwischen den Felsen am Ufer stehen Amphoren, vollgefüllt mit Weltanschauung, die süß und berauschend schmeckt. Man darf aber nicht zu viel davon kosten, sonst schläft man ein und wacht nicht mehr auf. Spinnenbeinige Tiere laufen herum, Gewissen genannt. Sie sind bissig und haben es besonders auf die armen Seelen abgesehen, die wie Lemuren in den Bäumen hocken und jeden Neuankömmling mit tellergroßen Augen fixieren.

Auch ein Leuchtturm existiert auf der fremden Insel. Ein Leuchtturm mit zwei Ohren, zwei Augen und einem Mund. Ich darf ihn besteigen und auf den Mund küssen. Dann aber muss ich mich rechtzeitig auf den Rückweg machen, damit ich nicht mit der Abenddämmerung untergehe. Der Regenbogen ist bereits ganz zerbröckelt, es fehlen schon Stücke. Mit einem kühnen Satz springe ich über sie hinweg.

Wieder auf meiner Insel angekommen, steige ich eilends zu meinem Leuchtturm hinauf, hänge die Ohren an die Fenster und montiere auch meine Augen wieder an, damit sie blinken, den über das Meer der Vergangenheit segelnden Schiffern zum Zeichen. Vor allem jenen, die diese Geschichte nicht lesen, nicht gelesen haben und nie lesen werden.

Ist meine Insel bewohnt? Natürlich! Von Wesen, von Vielleichtwesen und von Niemalswesen. Im Gegensatz zu den Wesen gibt es die Niemalswesen überhaupt nicht. Die Vielleichtwesen wiederum unterscheiden sich durch den Grad ihrer Existenz. Die einen von Farben glühend, die anderen eher blass und durchsichtig. Besonders vor den Durchsichtigen sollte man sich hüten. Wenn man aus Versehen auf sie tritt, stoßen sie ein markerschütterndes Geheul aus und sind beleidigt.

Helmut Glatz: *Meine Insel*

Habe ich schon gesagt, dass ich auch so ein Vielleichtwesen bin? Tagsüber hocke ich auf dem First meiner kleinen Blockhütte und besinge wie ein funkenschlagender Buchfink die Morgensonne. Mittags fliege ich im Taumelflug von Blüte zu Blüte und ernähre mich vom Nektar der Blumen. (Oder auch nicht. Vielleicht kann ich gar nicht fliegen, wer weiß es?) Abends lauere ich im Tümpel, ganz unten, und stelle den Kaulquappen nach.

Auch Engel gibt es auf meiner Insel. Das heißt, es gibt sie nicht, aber sie fliegen gelegentlich ein, um hier zu rasten. Manchmal in ganzen Schwärmen, dann sitzen sie auf den zeitumtosten Klippen rundum und unterhalten sich mit zirpenden Geräuschen. Worüber sie sich unterhalten? Über Gott und die Welt, ich kann es nicht sagen. Wenn sie fliegen wollen, müssen sie von einem erhöhten Standpunkt aus starten. Einmal stürzte einer ab und lag da und vermochte sich nicht mehr in die Luft zu erheben. Er war leicht wie Papier, und seine Flügel waren bereits ein wenig angesengt. Ich trug ihn auf meinen Leuchtturm hinauf und warf ihn über die Brüstung. Aber er platschte nur immer auf den Boden und bekam keine Luft unter die Flügel. Engel sind unsterblich.

Auf meiner Insel leben auch Wörter und Buchstaben und Leerzeichen. Ich pflanze sie in langen Reihen hinter dem Leuchtturm. Die benötige ich, wenn meine Geschichten zu kurz sind. Dann fülle ich sie mit meinen Wörtern und Buchstaben und Leerzeichen auf.

Nun aber zurück zu meinem Engel. Er war krank. Infiziert vom Teufel. Das ist nichts Ungewöhnliches. Der Übergang von Engeln zu Teufeln ist fließend. Man misst den Grad ihrer Infizierung in Luz. Hundert Luz sind der Teufel: Hundert Anteile Luzifer, null Anteile Engel. Der umgekehrte Fall kommt eher selten vor. Mein Engel jedenfalls hatte siebzig Luz in sich, War also bereits mehrheitlich ein Teufel. Ich setzte alles daran, ihn gesund zu pflegen. Gab ihm Liebfrauenmilch zu trinken, bestrich ihn mit Liebstöckelsalbe und spielte ihm geistliche Musik vor, vorwiegend Gregorianische Gesänge. Als er wieder halbwegs genesen war (ein Engel, von den Erzengeln abgesehen, ist nie ganz gesund, sondern besitzt immer einen gewissen Grauschleier), hatten die Flugversuche schließlich Erfolg. Freudig beobachtete ich, wie er Luft unter die Flügel bekam und, umgeben von seiner Aura, in den vergissmeinnichtblauen Inselhimmel hinaufflatterte.

Nach einiger Zeit, muss ich gestehen, wurde es mir langweilig auf meiner Insel. Keine Ansprache. Seit mein Engel weg war, fühlte ich mich einsam. Jeden Morgen hängte ich an die Spitze des Leuchtturms ein Hemd, das mir der Himmelsbote zurückgelassen hatte. Engel brauchen Hemden nur im Außendienst. Und tatsächlich! Eines Morgens ankerte ein stolzer Dreimaster in der Bucht. Sebastian Brant hieß der Kapitän, Grobian Flegel sein Steuermann. Die Mannschaft bestand aus Pfaffen, Huren, Bettelvolk, Steuerzahlern, Verkehrsteilnehmern und anderen Narren. Das versprach ein lustig Leben! Branntwein im Überfluss, Gesang und Tanz jeden Tag. Freudig betrat ich die Planken. Dann ging es in frischer Fahrt nach Ostsüdwest, dem fernen Narragonien entgegen. Bald war meine Insel nur mehr als blasse Silhouette zu erkennen, mit den beiden Bergen darauf, dem Leuchtturm und dem Vulkan, über dessen Gipfel sich der glühende Zeitstrom in zeitlosen Rauch auflöste.

Kunst und Künstler

Günter Bohn: *Begreife!*

Am Kunstwerk kann der Geist das von Hand Geschaffene begreifen und die Hand den Geist ertasten. (MD)

Lore Kienzl

Begegnung mit der Kunst

Manch einer will ein Künstler sein.
Mit diesem Wunsch gar nicht allein,
nimmt er den Pinsel schnell zur Hand
und zeichnet auf der großen Wand.

Was soll das sein?, fragt der Betrachter.
Schaut fast so aus ... wie Hans, mein Nachbar.
Ein andrer meint, er hätt' entdeckt,
dass was Abstrakt's dahintersteckt.

Ganz anders sieht's der Nächste dann,
fängt herzhaft gleich zu lachen an.
Sie diskutieren hin und her –
mit Kunst ist's manchmal richtig schwer.

Doch was am Ende dann geschieht?
Zufrieden man von dannen zieht,
und Fremde ham mitnand gelacht
und Freundschaft mit der Kunst gemacht.

Klaus Wuchner

Kunsterlebnis

Wieder einmal ist ein enormer Besucherandrang vor dem Berliner Museum (an Wochenenden beträgt die Wartezeit oft mehr als vier Stunden, bis man endlich Eintritt in die Museumsräume erhält), ein Andrang wie zuletzt bei der Ausstellung „Die schönsten Franzosen kommen aus New York".

Nach dem Erfolg der Ausstellung in New York – dort wurden die Exponate des Künstlers erstmals gezeigt –, war der Erfolg der Ausstellung in London und Paris überwältigend. Die Kritiker waren in ihren Lobpreisungen überschwänglich und übertrafen sich gegenseitig mit Superlativen. Ja, es wurde sogar eine neue Stilrichtung ausgemacht. Die Kritiker schwärmten gar von „der Ungeradigkeit, eingebettet in duftiger Farbigkeit".

Doch wer war der Künstler oder die Künstlerin? Dies gab das vertretende Management, trotz des Drängens der Kunstwelt mit ihren Kritikern und Journalisten, nicht preis. Selbst Nachforschungen über unbekannte Personen bei Vernissagen führten nicht zum Erfolg. Der oder die Schöpfer der über alles gelobten Werke blieben unentdeckt. Inzwischen wurden hohe Summen dafür geboten, ein Interview mit den Unbekannten zu führen.

Der Ausstellungskatalog wurde mittlerweile in der zehnten Auflage gedruckt. Die Ausstellungstournee sollte in Berlin enden. Andere Städte wie Moskau und Riad wollten nunmehr auch an dem Erfolg der Ausstellung teilhaben, was dem Management nur recht war. Sie hatten aber nicht damit gerechnet, dass die Besitzer der Ausstellungsexponate, die inzwischen alle verkauft waren, nicht bereit waren, diese als Leihgaben für weitere Ausstellungen zur Verfügung zu stellen.

Um eine Konventionalstrafe zu verhindern, bot das Management den Kuratorien in Moskau und Riad ein in der Kunstwelt als sensationell empfundenes Angebot an. Erstmals sollten Kritiker die Chance erhalten, an einer Session des Künstlers teilzuhaben. Die Termine für die bereits zugesagten Ausstellungen wurden daraufhin verschoben.

Der Andrang der Kritiker und Journalisten war unbeschreiblich. Es wurden Summen geboten, die alle bisherigen Maßstäbe sprengten.

Mit den ausgewählten Kritikern und Journalisten wurde ein Treffpunkt in Burlington/Vermont ausgemacht. Von dort wurden sie mit einem von der Army gecharterten Großraum-Hubschrauber zum Ort ihrer Erwartung geflogen. Um den Ort weiterhin geheim zu halten, mussten alle Teilnehmer ihre GPS-fähigen Geräte abgeben. Während des Fluges war der Passagierraum abgedunkelt.

Das Ziel war eine Waldlichtung. Die Besucher wähnten sich in den Wäldern der Staaten New York, Vermont oder gar schon in Kanada. In nächster Nähe befand sich ein Gehöft, das sich beim Näherkommen als stark gesichert erwies, wie auch der Weg zum Atelier. Dort sah man zwei livrierte Personen eine große Leinwand aufstellen und Farbtöpfe und Pinsel bereitlegen.

Die Spannung war enorm, alle verharrten in Schweigen.

Nach einigen Minuten öffnete sich eine Gittertür. Ein riesenhafter Gorilla trat heraus, nahm Witterung auf, schritt zu den Farbtöpfen, urinierte in sie und nahm einen Pinsel. Jetzt erlebten die Kritiker und Journalisten die einmalige Ungeradigkeit und duftige Farbigkeit.

Gerwin Degmair

Besuch im Maler-Atelier

Ein nackter Mensch, als Bild gemalt,
heißt „Akt“ – soweit der Sachverhalt.

Doch was ist Fakt
bei einem Akt?
Ihm fehlt das „c“,
drum ist er nackt.
Doch trüg’ er Anzug,
Rock und Kleider,
wär’s schon kein Akt
mehr – leider.
Auch das ist Fakt.

Addierst du also „c“ plus Akt,
wird draus ein Akt, und zwar ganz nackt.
Doch „unten Rock plus oben nackt“
wär so ein Akt nur halb so nackt
wie der besagte Akt als Fakt,
und jetzt, addiert „c“ plus „halbnackt“,
summiert sich’s doch im Bild zum Akt,
nur ohne „c“ halt – also nackt.
Auch das ist Fakt –
ist’s nicht vertrackt?!

Drum, teure Nackt-Akt-Malerin –
bei aller Maler-Disziplin:
Mal’ auch mal mich! Ich leg mich hin,
selbst wenn ich gar nicht nackig bin.
Wir soll’n doch eh’ nur eins nie machen:
die sogenannten halben Sachen!

Boris Schneider

Erlebniskunst

„Was sagen Sie zu dieser Installation, Prof. Dr. Schnorbichel?“

Der Angesprochene warf die Stirn in bedeutungsschwere Falten und starrte das Objekt einige Augenblicke an. „Nun Herr Oberstudienrat, für meinen Geschmack ist die Farbkomposition ein wenig zu gewagt. Diese blaue Stange beißt sich mit dem Rot.“

Prof. Schnorbichel nickte verhalten. „Ja, zugegeben, allerdings mag dies vom Künstler durchaus beabsichtigt sein. Rot als Farbe des Fleisches, als Behältnis der verderbten irdischen Lüste – schauen Sie sich nur diese Dreckbrühe im Inneren an – und abgegrenzt, davon aufsteigend, sich quasi aus dem Unrat unseres Lebens erhebend dieser blaue Stiel. Blau, die Farbe des Himmels, der Treue, könnte hier symbolisch gemeint sein und sich auf das Streben des Menschen zu einem höheren Sein, zu Gott hin beziehen.“

„Das wäre in der Tat denkbar“, stimmte Oberstudienrat Hauffmeier zu, „aber ich für meinen Teil sehe hier mehr ein Symbol für das sich ständig vergebliche Mühen des Menschen im alltäglichen Leben. Wie in einem Butterfass steht der blaue Stampfer. Man stampft und stampft und hofft auf goldgelb gefärbte Erfolge, und alles, was letztlich dabei herauskommt, ist ein Haufen Mist. Sollte dies die Absicht des Künstlers gewesen sein, hätte er meines Erachtens besser einen braunen oder gelben Eimer gewählt.“

Beide Herren blickten die Installation eine Weile schweigend an.

„Andererseits,“ nahm Oberstudienrat Hauffmeier den Faden wieder auf, „sehen Sie die tote Fliege, die in der braunen Brühe treibt?“

Prof. Schnorbichel beugte sich vor. „Ja, in der Tat, eine tote Stubenfliege, *Musca domestica*, wenn ich nicht irre. Meinen Sie, dies hat etwas zu bedeuten?“

„Ein guter Künstler überlässt nichts dem Zufall; alles kann, ja muss geradezu in die Interpretation mit einbezogen werden. Vielleicht haben Sie mit Ihrer Deutung der Stange Recht und sie stellt die Verbindung zu Gott, unserem Erschaffer und Bewahrer dar. Der Eimer könnte dann für die Erde stehen.“

„Ja, und wie der Mensch damit umgeht“, spann Prof. Schnorbichel den Faden weiter. „Er beraubt sie ihrer Schätze, verdreckt und vermüllt sie, tötet ihre Geschöpfe, rottet sie gar aus!“

Betroffen blickten sich die beiden Herren an.

„Aber hätte der Künstler dann nicht einen grünen Eimer nehmen sollen?“, warf Oberstudienrat Hauffmeier ein.

„Vielleicht hilft uns der Titel der Komposition weiter“, sagte Prof. Schnorbichel und blickte sich suchend um. „Ich sehe hier gar kein Schild.“

In diesem Moment kam die Putzfrau von der Toilette zurück, nahm ihren Wischmop aus dem Eimer und setzte ihre Arbeit fort.

Heidenore Glatz

Was ist Kunst?

Des Künstlers Gaben
sehen
bewundern
erkunden
hinterfragen
erforschen
verstehen

Erstaunen bekunden
hineinfühlen
annehmen
genießen
sich
austauschen
bestärken
erfreuen

oder:
vor dem Kunstwerk stehen
nicht verstehen
bald wieder gehen

Max Dietz

Salvador Dali

Schattenbruders Leichentuch
umhüllt und zieht ins Grab.
Verborgen ruht sein Lebensbuch,
doch glänzt sein Zauberstab –

Geiler Dali, sag mir an,
ob ich dich je erfassen kann,
ob ich dir gewachsen bin:
Dein monarch-sodomisch Sinn
scheint mir, ich bemerk's verzückt,
in die Kuppel hoch entrückt!

Lass mir, nur so aushilfsweise,
deine Gala, still und leise,
am Klavier mich verlustieren;
gerne tät ich sie verführen,
ihre Kuppel will ich spüren
und mich bei ihr abfrustrieren!!

Vielleicht dient dieses der Erbauung,
sicher jedoch der Verdauung! –
Oh, geiler Dali, danke sehr,
jetzt weiß ich von der Kunst schon mehr!

Lore Kienzl

Tag eines Malers

Unsägliches beschäftigte ihn. Den Tag bemerkte er kaum, nicht die Dämmerung am Morgen, wenn die Sonne den Tau aus den Wiesen sog, die Bienen noch verschlafen die ersten Blüten besuchten, die Kühle der Nacht sich den wärmenden Sonnenstrahlen beugte und der Tag jung und erfrischt die Nacht ablöste. Er stürmte durch den Garten in sein Atelier, hin zur Leinwand, die mitten im Raum auf einer Staffelei stand, und in rasendem Tempo malte er das Bild. Er warf es gleichsam aus sich heraus in heftigen Pinselstrichen: glühendes Rot, gebranntes Siena, rauchfarbene Schatten, wunderbares Indigo – ein männliches Portrait, kühn und verwegen; vielleicht hatte es Ähnlichkeit mit ihm. Er atmete schwer und heftig, stampfte mit den Füßen auf, sprang zurück und fuhr sich mit beiden Händen durch das Haar.

Schließlich beruhigte er sich. Nun malte er die Augen, fein und voller Hingabe; dunkle sensible Augen, die ihn dennoch herausfordernd und trotzig zu betrachten schienen.

Erregt begann er ein Zwiegespräch mit dem Bild. Er erzählte von seinem Zorn, seiner Wildheit, den Zweifeln, seiner Sehnsucht und seiner Einsamkeit.

Was nütze ihm all der Erfolg? Seine Bilder waren begehrt, erzielten hohe Preise, und die schönsten Frauen erhofften sich seine Gunst. Die Gesellschaft schmückte sich mit seinem Genie und verzieh ihm seine makabren Späße und exzessiven Orgien.

Doch ihn plagten Zweifel, und düstere Gedanken umklammerten sein Herz bis zur Unerträglichkeit. Besonders nachts wälzte er sich meist schlaflos in seinem Bett, und erst die Morgendämmerung entließ ihn, abgeschlagen und erschöpft, in den neuen Tag. Worin bestand der Sinn des Lebens, und wie sollte er leben, um ruhig, glücklich und in innerem Frieden zu sein? Dies alles marterte sein Gehirn. Sollte er sich von seinem Besitz trennen? Das hätte er gekonnt. Sollte er die Menschen verlassen, die ihn begleiteten? Die Schmeichler, die Kritiker, die Gleichgültigen, die ihn zu lieben vorgaben? Dieser Gedanke bereitete ihm aber nur kurz Schrecken.

Ein Bild entstand vor seinen Augen: So nackt und allein, wie er einst geboren worden war und so, wie er einmal gehen würde – nun als

Erwachsener. Er könnte doch nochmal beginnen, sofort in diesem Augenblick. Er spürte plötzlich eine große Kraft und Freiheit in sich. Das Leben neu mit unverdorbenen Augen sehen und hören und spüren!

Er war ganz ruhig geworden, betrachtete das eben gemalte Bild und staunte: Der Blick des Mannes war nicht mehr trotzig und herausfordernd, sondern erschien ihm mutig, sogar mit dem verhaltenen Anflug eines Lächeln. Dass es vielleicht ein wenig spöttisch war, entging ihm.

Äußerlich war er unverändert, und keiner würde die Dramatik seiner geistigen und seelischen Welt auch nur erahnen. Voll Elan tauchte er jetzt seinen Pinsel, der inzwischen dicke Tropfen auf den Fußboden hatte fallen lassen, in ein leuchtendes Orange und war wieder in seiner Welt, der Welt des Malers angekommen.

Thomas Glatz

aus dem letzten skizzenbuch des malers

den baum vorm fenster zeichnen
den baum vorm fenster
den baum
den baum vorm fenster zeichnen
im herbstlaub
im winter
den baum vorm fenster zeichnen
den baum
den

Waltraud Niedoba

Die Statue

Eine riesige Statue wurde bestellt,
für den tapfersten Menschen dieser Welt.
Der Künstler musste ein Werk vollbringen,
es sollte auch noch gut gelingen.

Die Zeit war knapp, der Druck war groß,
bald sah man Formen, fest, famos,
und so entstand des Künstlers Werk,
begutachtet vom Himmelszelt.

Immer hieß es: eilig, hurtig,
dass das Standbild werde fertig.
Der Künstler meißelt, klopft und presst,
hat wenig Schlaf und ist gestresst.

Dann sah er sein gelungenes Werk,
war voll mit sich zufrieden,
und wollte, wie es Tradition,
verewigen sich als Illustration
am Hosenbein, ganz unten, klein.

Nun gab es diesen Zwischenfall,
geschichtlich hier zum ersten Mal.
Als man die Signatur verbot,
geriet der Künstler arg in Not.

Es funkte bald im Kopf von Prinsloos,
und die Idee war beispiellos:
Eine Miniplastik aus Bronze entstand,
die flugs im Ohr von Mandela verschwand.

Die Statue wurde pünktlich enthüllt,
der Platz war mit Prominenten gefüllt.
Sie brüsteten sich mit Mandelas Tat
und feierten ihn auf ihre Art.

Ein wachsames Auge entdeckte ein Ding,
erst nach fünf Wochen sahen sie hin:
Da oben, da – dort, wo das Ohr,
da steht ein Ding, es schaut hervor!

Ein kleiner Hase, aus Bronze gegossen,
war in Mandelas Ohr verschlossen.
Er schaut mit süffisantem Lächeln
und flüstert Mandela zu: „Die schwächeln!“

Die Prominenz, die ist entsetzt:
Wie kam der Hase in dies Nest?
Mit rechten Dingen ging das nicht zu,
ein Schelm tat dies, ohne Tabu.

Der Has’ muss weg! Man ist bereit,
doch gleich geht’s nicht, es braucht viel Zeit.
Die Höhe macht’s, die ist suspekt,
gelingen soll’s, ohne Defekt!

Warum ein Hase, warum dies Tier?
Die Sprache sagt’s – so glaubt es mir:
Im afrikaansschen Sprachgebrauch
bedeutet „Haas“ die „Eile“ auch.

Günter Bohn: *Ei, ein Has’ im Ohr*

Thomas Glatz

Die Professor-Wimmer-Hut-Geschichte

In einem stark atmosphäregeladenen Kellerlokal sitzen Leute, die Klaus kennt. Künstler. Künstler übten damals eine starke Faszination auf mich aus. Künstler waren für mich zu diesem Zeitpunkt eine mysteriöse Bruderschaft von Sterblichen, die sich starkfüßiger auf der Erde fortbewegten als andere Menschen; fast, als hätte jeder Tritt, den sie hinterließen, Gewicht, Wucht, tiefste Bedeutung und ewige Dauer. Künstler lächelten wissend und überlegen und erkannten Gleichgesinnte an einem gewissen Etwas. Vielleicht taten sie dies vermittels einer Art metaphysischem Sonar – so wie sich Delfine und Zahnwale in den Weltmeeren orientieren. Jedenfalls nicht so etwas Profanes wie ein matter Händedruck oder ein höfliches „Grüßgott". Damals dachte ich, dass Künstler mit besonderen Sinnen ausgestattet waren, die sie verfeinert hatten. Synästhesie oder so. Heute mag mir diese Vorstellung naiv und sonderbar vorkommen. Die Laubheuschrecke hört mit ihren Vorderbeinen, der Nachtfalter mit der Brust und die Zikade mit dem Arsch. Ich stellte es mir tatsächlich so vor: Das Sonar des Malers, Bildhauers oder Videographen startet mit einzelnen Klicklauten, die vermutlich nicht im Kehlkopf, sondern im Nasenraum erzeugt werden. Das Melon – ein Wulst aus Fettgewebe an der Stirn des Künstlers – bündelt den Schall so, dass er den Bereich vor dem Künstler „ausleuchtet" und so seinesgleichen erkennt. Künstler als besondere Wesen.

In diesem Schwabinggrader Kellerlokal nun hatten sie sich gefunden: Der Kunstprofessor Wimmer, ein fleischiges, bartloses Mondgesicht, aus dem unter einer breiten Hutkrempe listige Äuglein blitzen. Daneben Kunstprofessor Hosemann, mit der Zigarre im Munde. Ein schmuckloser Ring in seinem rechten Ohr. Dann sitzt da Fred Weintraub und Igor, der Dichter und Bachmannpreisaspirant, mit einem Haufen Verehrerinnen um sich herum, alles Backfische und Akademiedohlen. Bachmannpreisaspiranten haben immer Glück bei den Frauen. Und dann ist da noch Rachmiehl, der desertierte Tschetschene, der neben dem Schlagzeuger von „Erzeugerorganisation Sachsenobst" sitzt, wie mir Klaus versichert.

Rachmiehl fotografiert nur noch analog und macht auf Reisen nur noch ein Foto pro Woche aus Respekt vor dem Bild, das man immer aufs Neue selbst von der Welt machen muss, sagt Klaus halblaut zu mir. Wir holen uns zwei blank gescheuerte Wirtshausstühle und quetschen uns dazwischen. Zwischen Igor und eine Chinesin aus der Hosemann-Klasse mit überlangen Ärmeln am papageiengrünen, gefältelten Kleid. Nur mit halbsäuerlicher Höflichkeit werden wir empfangen. Die Runde scheint schon einiges gebechert zu haben, alle sind aufgekratzt, in geistvolle Gespräche verstrickt und bester Laune. Nur Rachmiehl wirkt, als könne er jeden Augenblick Krakeel machen. „Kürzlich stand ich im Museum vor dem Polke *‚Höhere Wesen befahlen in die linke untere Ecke einen Blumenstrauß zu malen‘* oder so. Und ein mir unbekannter Betrachter neben mir meinte: *‚Hätte er nur einen Blumenstrauß gemalt.‘“*, erzählt Fred Weintraub. Rachmiehl schimpft: „Deutsche Kunst kaum Metafisik. Obere Wesen machen Befehl. Und Maler machen schwarzes Eck hin in Ecke. Deutsche Kunst kaum Metafisik. Aber Ironie kennt viel.“ Er meint es ernst. Das können die Tischgenossen natürlich nicht auf sich sitzen lassen, und so entzündet sich eine lange währende Diskussion über Kunst.

„Aus dem Meer der geistesarmen Kostsassen ragen für dich wohl nur Polke, Richter und Jonathan Meese, wie Theodolithen?“, ruft Fred Weintraub aufgebracht. Professor Wimmer versucht zu beschwichtigen. „Na, na, na.“ Ich spitze die Ohren. Kann ich doch bestimmt viel lernen dabei.

„Vielleicht sollte sich wirklich einmal jemand die Mühe machen, und den soziologischen Zusammenhang zwischen der lähmenden, bildnerischen Langweiligkeit, der selbstreflexiven Inneresleermacherei und Un-Funkyness der großen deutschen Maler und dem blasierten Pochen auf bildnerische Richtigkeiten der Bauhausbürokraten wissenschaftlich aufdecken“, ruft ein Hosemannstudent mit Architektenbrille forsch.

„Diese Farbaufundabstufer!“ Bei dem letzten Ausdruck verzieht der Professor, der erst gelächelt hat, das Gesicht, wie wenn er einen Schluck sauren Bieres erwischt hätte. Die Stimmen schwirren jetzt tumultarisch durcheinander.

„Ah, geh, i lach mir ja an Kropf! Pass amoi auf! As Bauhaus war Weltklass'. As Bauhaus, Basler Schui, Ulmer Schui, des is a gestalterische

Stringenz – da kannst no was lerna von dene. De ham scho wos gleist, auf des mer stoiz sei ko, der Klee, der Albers, der Mohoininotsch. Da bist du noch ned amoi mim Nochdhemmad und am Millikannderl der Blechmusi nochglaffa. Da bist du no im Abraham seim Wurschtkessl umanandagschwomma."

„Die Malerei ist tot. Es lebe Millefiori!", ruft einer provozierend in die Runde.

Igor wendet sich urplötzlich an mich. Ich erschrecke. Alle sehen mich an. Er gesteht mir, er rauche nur dänische Zigaretten der Marke Einar Abham. Ich verstehe nicht. „Kann ich Einar Abham?" Ich verstehe immer noch nicht, erst als er eine meiner Zigaretten aus der Packung nestelt, verstehe ich. Alle am Tisch lachen jetzt. Die Packung ist aber leer. Ich suche in der Tasche nach einer neuen und hole dabei auch mein Skizzenbuch hervor.

„Ah, der Begriffsstutz do hint zeichned aa", sagt der Professor Hosemann und blickt anerkennend zu mir. „Ich versuche es." „Bei wem studierst du?"

„Ich bin noch nicht an der Aka. Ich arbeite noch an meiner Mappe."

Einer am Tisch nimmt das Büchlein und blätterte es durch. Ich schäme mich ein wenig über meine, von einer jugendlichen, unkundig herumfahrenden Hand hervorgebrachten Zeichnungen.

Neues, schlecht eingeschenktes Bier wird gebracht, und einige aus der Runde beschweren sich über die zu hohe Schaumborte. „Meinst du, ich sollte mal mit den beiden Professoren näher ins Gespräch kommen, jetzt, wo mich der Hosemann schon angesprochen hat?", flüstere ich zu Klaus. „Nein. Der Wimmer, das wäre nichts für dich. Der ist zwar ein bayrisches Urgestein und mit dem Polt gut befreundet. Der nimmt aber nur Gegenstandslose. Da brauchst du mit deinen Zoozeichnungen gar nicht antanzen bei dem."

„Aber der Wiki studiert doch, glaube ich, auch bei dem Wimmer. Und der Wiki kocht doch nur. Der zeichnet doch nicht."

„Der Wiki ist ein Genie. Der ist sogar Meisterschüler. Den hätte jeder Professor mit Handkuss genommen. Außer die Gygax für Neue Medien, die nimmt nur Lesben und FeministInnen. Und der Willikens, der mag den Wiki auch nicht leiden, denn dem hat der Wiki einmal mit dem Fahrrad den Porsche angefahren.

In den ersten drei Semestern hat Wiki eh nur gekocht und mit Crossovercooking experimentiert. Also Hispano-Bayrische Tapas-Schmankerln. Pinchito vom Schwein in Kräuteröl oder Spanferkelsülze auf Carpaccio. Dazu Saurübensuppe mit Rauchspeck und Avocadodip. Das weiß ich noch genau. Da hab ich eine Videodokumentation darüber gemacht.

Der Hosemann. Das macht keinen Sinn. Der wird nächstes Semester pensioniert. Der betreut nur noch die Schüler aus seiner ehemaligen Klasse. Bei dem hättest du ohnehin nichts gelernt. Das ist ein sturer Farbtheoretiker, der hat eine sehr altmodische Auffassung von Malerei. Kennst du ‚alter rosa Zentimeter' im Lenbachhaus? Das ist sein bekanntestes Bild. Das hat ihn schlagartig berühmt gemacht. Und im Museum für konkrete Kunst in Ingolstadt hängen noch einige Hosemann. Darunter das berühmte ‚Fünfzehn systematistische Farbreihen in progressiven Horizontalgruppierungen'. Kürzlich hat er den großen Preis der Dingolfinger Kreissparkasse gewonnen für die künstlerische Gestaltung des Gemeinschaftsregenschirms. Aber du könntest…"

Igor unterbricht unser Getuschel und will noch eine Einar Abham. Jetzt weiß ich gleich, was er meint, und ziehe nicht mehr die Aufmerksamkeit der ganzen Runde auf mich. Mein Skizzenbuch wird mir kommentarlos zurückgegeben.

Ich glaube, Klaus schämt sich ein wenig, dass er mich mitgenommen hat. Der, der die deutsche Malerei der Un-Funkyness bezichtigt hatte, ist sich unterdessen mit dem Professor Wimmer in die Haare geraten. Er scheint sein harsches Urteil nun ein wenig abschwächen zu wollen: „Ich würde ja nicht sagen: So, ja, das ist jetzt die absolute Oberkunst oder so, aber…"

Der Wimmer fängt plötzlich ganz leise und gereizt in Hochdeutsch zu sprechen an: „Sie haben ja noch nicht einmal den Unterschied von einer Lichtform und einer Binnenform begriffen. Da hätten's bei mir nicht einmal die Probewand bestanden. Gelln's?" Er schiebt seine Brillengläser nach unten und blickt den Provokateur altersweise und durchbohrend an. Gereizt nimmt der Gekränkte dem Wimmer den Hut vom Kopf und rennt hinaus. Der Wimmer, dessen weiße, von spärlichem, grauem Haar umkränzte Glatze jetzt durch den Raum strahlt wie ein angepecktes Straußenei, doch um einiges röter, kommt nicht hinterher. So wirft er dem Entschwindenden eine Schimpftirade nach.

Ein gutes Jahrzehnt später sah ich den geklauten Hut des Professors Wimmer in Amsterdam wieder. In einer Vitrine einer Ausstellung mit Post-Junge-Wilde-Kunst aus Deutschland.

Die Tat des jungen Studenten sollte noch ein gerichtliches Nachspiel haben, aber davon will ich vielleicht an anderer Stelle berichten.

Gerwin Degmair

Kunst und Kultur

Aller Rezeptur
zeigt uns ihr heimliches Wesen
beim Buchstabenlesen:

K = önige	*und*	K = ritisch
U = nd		U = nd
N = ichtkönige		L = ustig
S = imulieren		T = raurig
T = anzbären		U = nd
		R = astlos

K = önnen	*und*	K = ann
U = nd		U = ns
N = ichtkönnen		L = ähmen
S = äen		T = reiben
T = alent		U = marmen
		R = eichmachen

Sind das die Bögen der beiden,
die wir spannen beim Dichten?
Wie müssten wir leiden,
worauf gar verzichten,
würden wir sie nicht näher belichten?!

Roland Greißl

K-Kunst

Kommt Kunst von Können?

Käme Kunst von Können,
könnten kreative Könner
gekonnte Kunstwerke kreieren...
kilometerlang, kubistisch, kugelrund,
keilförmig, quadratisch, kegelgleich –
gekonnte Kunst:
doch Kunst *ohne* Kunst –
kunstlos.

Kommt Kunst von künstlich?

Käme Kunst von künstlich,
könnten Künstler ohne Können
kraftvoll kreieren
kleinkarierte Karikaturen
kongenialer Kraftmotive:
kraftmächtige Gebirgsketten auf kleinen Karten,
kolossale Kastelle auf kleinen Kissen,
kriegsmörderische Kampfszenen auf Keramik-Krügen...
gekünstelte Kitsch-Kunst:
Kunst *ohne* Kunst –
kunstlos.

Kommt Kunst von Kopieren?

Käme Kunst von Kopieren,
könnten Künstler Kreationen
global bekannter Künstler
kritiklos, kreativlos, kommentarlos,
klingender Kasse kommerziell geopfert,
kopieren, verkleinern, vergrößern,
als eigenes Kunstwerk vermarkten:

kopierte Kunst:
Kunst *ohne* Kunst –
kunstlos.

Kommt Kunst von Kontern?

Käme Kunst von Kontern,
könnten kritikkräftige Künstler
kritisch globale Krisen
kommentieren, kraftmächtig gestalten.
Kräftig könnten Kolossalgemälde
künstlich gemachter Katastrophen
kritisch kontern dem kranken Geist
kranker Krisengewinnler und Bankrotteure:
Konternde Kunst –
sie ist *Kunst mit Kunst* –
kunstvoll.

Kunst
braucht kein „k"!
Kunst
braucht Form und Farbe,
gestaltet Form und Farbe –
und sie muss … Farbe bekennen!

Monika Hrastnik

Klatschmohnsommer

Sanft schlängelt sich die neue Straße durch das Tal. Meine kleine grüne Ente gleitet dahin wie auf Schienen. Links und rechts türmen sich noch die Schutthaufen vom Aushub. Langsam werden sie von der Natur wieder in Beschlag genommen und mit Leben und Farben erfüllt: Weiße Kamille, gelbe Königskerzen, roter Mohn haben sich auf den kahlen Hügeln breit gemacht und wiegen sich still im Fahrtwind der Autos, die achtlos vorbeirauschen. Manch einer sieht nichts und verfolgt nur stur sein Ziel. Aber manchmal, so wie gerade eben, nimmt jemand die Pracht wahr und erfreut sich an ihr.

Wie gern würde ich jetzt aussteigen, mir einen Sommerblumenstrauß pflücken, um ihn dann in einer Vase in Szene zu setzen. Aber das ist ja leider eine Autobahn, und ich kann nicht einfach anhalten. Stattdessen banne ich die Komposition aus Farben und Zartheit in Pixel und Bits zerlegt auf meinen Fotochip.

Am nächsten Rastplatz, auch neu angelegt, habe ich dann doch noch Gelegenheit, mir ein paar Blüten für mein Album zu sichern. Vorsichtig verwahre ich sie, in ein Papiertaschentuch eingeschlagen, in meinem Notizbuch.

Meine Fahrt führt mich weiter, meinem Ziel entgegen. Die Stimmung am Straßenrand ändert sich mit jedem Kilometer. Die bunte Pracht weicht gepflegtem Grün. Jahrelang gewachsene und gedüngte Wiesen. Nicht wirklich hässlich, aber es fehlt der Charme des Neuen, Spontanen. Meine Gedanken schweifen ab.

Als ich zwei Wochen später wieder zu Hause ankomme, fällt mir beim Auspacken mein Notizbuch erneut in die Hand, und das Taschentuch mit den Blüten segelt langsam zu Boden. Beim Anblick der Blüten fällt mir der Straßenrand wieder ein, der mich so in seinen Bann gezogen hatte. Ich nehme sie auf und überlege kurz, wie ich sie am besten retten könnte. Sorgfältig werden sie auf einen grauen Karton drapiert, mit Haarspray konserviert und mit Sprühkleber fixiert.

Wochen später sah meine Freundin Rosi das Arrangement an meiner Dielenwand hängen. Der Charme des Bildes faszinierte sie offensichtlich, und in ihr reifte eine Idee – das war ihr deutlich anzusehen.

Plötzlich war sie verschwunden, so lautlos, wie sie gekommen war. Erst Anfang November, als Nebelschwaden die Tage prägten, sah ich Rosi wieder. Sie wollte mir Erinnerungen bringen, sagte sie, und reichte mir ein Paket.

Da waren sie wieder, die zarten Blüten vom Straßenrand. Diesmal mit leuchtenden Aquarellfarben auf Leinwand hingehaucht.

Das ist Kunst in ihrer schönsten Form. Erst malte die Natur und zauberte mit ihren Farben ein Lächeln auf mein Gesicht. Die Fototechnik erinnert mich noch nach Jahren an den Augenblick. Die gepressten Blüten an der Dielenwand zeigen die Vergänglichkeit der Natur, doch auch das hat einen gewissen Charme.

Und nun die bemalte Leinwand! Immer das gleiche Motiv, immer eine andere Art der Wiedergabe, und doch immer die gleiche Erinnerung...

Carmen Kraus

Für immer für mich

Im Halbdunkel
verschwinden sie
verweigern sich
meinem Blick
ziehen sich zurück
verschluckt
vom dunklen Teil
verblassen
wie heitere Gedanken
an einem trüben Tag
verwehren sich
meinem sehenden Auge
und ich bin genötigt
sie hervorzuholen
aus meinem tiefsten Ich
dort, wo selbst ich
unfähig bin zu
vergessen
dort habe ich sie
mir bewahrt
für trübe Tage
mit grauen Gedanken
dort sind alle
Farben der Welt
für immer
für mich

Heidenore Glatz

Kunsterlebnis

Will ich Kunst wirklich erleben,
muss ich sie spüren,
mit den Sinnen erfühlen,
dem Künstler die Ehre geben.

Will Fantasie hineinfließen in das Werk:
Farben aufnehmen, innerlich sortieren.
Womit kann das Gesehene brillieren?
Darauf lege ich mein Augenmerk.

Will ich das Künstlerherz verstehen:
Was bewegt es, will es mir sagen? –
könnte ich mich ehrlich fragen.
Nun – ich bleibe länger davor stehen.

Die Gabe, die dem Künstler geschenkt,
sie fasziniert mich, lässt mich verweilen,
ich lese auch zwischen den Zeilen:
Das Erlebte hat heute den Rahmen gesprengt!

Hans Schütz

Landart

Welche fantastische Formenvielfalt!

Algenarme, Blumenbilder
Beerenböden, Blätterbahnen
Borkenburgen, Blütenborten

Binsenbänder, Dornendecken
Faserflöße, Früchtefelder
Federfächer, Flechtenflächen

Farnfiguren, Grasgemälde
Gräsergitter, Halmeherzen
Haselhäuser, Hölzerhütten

Hörnerhaufen, Kieselkreise
Kätzchenkugeln, Klettenketten
Knospenkronen, Knochenkegel

Kräuterkränze, Lianenleitung
Moosmäander, Muschelmuster
Nadelnester, Pflanzenpfade

Pilzpagoden, Rosenränder
Rankenreifen, Rindenrahmen
Rebenräder, Samenstreifen

Sandspiralen, Steckenstrecken
Schotterschnecken, Schalenschlangen
Spreuspiralen, Steinestraßen

Stängelsterne, Seegrassonnen
Sprossenspitzen, Totholztürme
Torftentakel, Wasserwege

Wedelwälder, Weidenwände
Wollgraswege, Wurzelwerke
Zweigezungen, Zapfenzäune

Paul H. Wendland

Bitte eines Lebenskunde-Schülers

Lasst mich im Land der heutigen Literatur,
möglichst verschont von Ehrenpreisen,
lyrisch schürfend geistig meine Pflugschar ziehen!
Wem das Leben schöpferische Wortkunst hat verliehen,
braucht weder sich noch anderen etwas zu beweisen.

Was in Gedanken forschend sein Gemüt bewegt,
ist Diesseits-Erleben mit geistig-seelischem Empfinden,
das ihn ermahnt an seine geistige Entwicklungspflicht,
in dieser Lebensschule der geistbewussten Sicht
erst mal sich selbst als Menschengeist wiederzufinden.

Ein Lebenskunde-Schüler ist, wer Schöpfungswissen sucht,
es findend schöpft und auch, vermittelnd, weiterreicht. –
Der schreitet kündend seine Erdenwege frei und beschwingt,
weil in der Seele ihm sein Heimkehrlied erklingt,
das jubelnd einem Psalm – lobpreisend – gleicht.

Carmen Kraus

Meine grüne Oase

Meine grüne Oase verlassen.
Wozu?
Um das Glück zu treffen
in einer anderen,
nicht weniger grünen:
Träumerei unter alten Buchen,
vor einem deutschen Haus
portugiesische Klänge
und ein Boot auf den Donauwellen,
russischer Frieden
und minzrosige Lebensfreude...
„Nimm meine Lippen“,
zittert Oskars Mundharmonika...
„Bei dir war's immer so schön“,
seufzt Constanzes Geige,
und Hannas Akkordeon walzert mit,
wenn Lores Stift auf dem
Skizzenbuch wartet,
weil sie mit Gerhard
freudetrunken über Kiesel gleitet.
Eberhards Bass stöhnt auf,
als Pauls rauchige Stimme bluest...
„Ich krame nach Kleingeld“...
Die Saiten verstimmt
vom feuchten Dunst,
doch Max findet „Hauptsache,
die Stimmung stimmt“...
Und Markus' Trommel wirbelt
unbeeindruckt von den Indern,
von den Zaungästen mit Kindern...
Kerzen flackern stellvertretend
für nicht anwesendes Lagerfeuer,
die Ruhe den Nachbarn lieb und teuer –
Jörg und Martin packen sie weg,

die Gitarren, Mandoline,
das Cajon aus Spanien...
„Bei mir bist du scheen“ verstummt
im Bedauern des Grünhemdigen,
nur Max, Günter und Helmut
könnten noch leise sinnieren
über das Verklungene,
wäre Letzterer nicht
schon verschwunden
im Dunkel hinter dem Hauseck.
Nadja räumt auf hinter
Annette, Heidi und Carmen, die
in lächelnden Kleidern weiterwallen
bis zum nächsten Abend
in einer grünen Oase
mit heißen Sambawirbeln
und kühler Schorle,
im untergehenden Licht
aufgehende Gemütlichkeit,
unter tausend Sternen
Feierabend...

Günter Bohn: *Gefalter*

Hans Schütz

Metamorphose

In China ein Zitronenfalter
ließ seine Hände endlich ruhn.
Er war ja schon in hohem Alter,
da mag man nicht mehr so viel tun.

Viele Zitronen sagten „danke, Alter“,
schließlich vom Falten hat er sie verschont,
verwandelten sich drum in gelbe Falter. –
Mit Gaukelspielen wird er nun belohnt.

Angelika Müller

Anmut

Geformt von Künstlerhand,
mit Herzblut gebrannt,
sanft berührend dein Faltengewand –
so stehst du da,
sagst zur Schöpfung: ja.

Erschaffen aus geistiger Güte
in voller kreativer Blüte,
die der Betrachter glücklich behüte –
so wirkst du nach,
als dein Dasein zerbrach.

Asche und Erde
unter der Füße Herde –
verzweifelte Gebärde –
so erntest du Wehmut.
Doch im Herzen bleibt Anmut.

Renate Exsz

Kunst

ist Gestaltung, die unser Herz berührt,
die uns bewegt, uns erregt,
uns in die Tiefe reißt,
um dann zu explodieren –
individuell in Farben, Formen und Material.
Kunst sind Töne, sind Worte,
die in uns entstehen,
danach drängen, an die Oberfläche zu gelangen,
um gehört zu werden,
dann wieder in die Tiefe zu tauchen,
zu schlummern für ewig,
dein Herz zu öffnen, um zu verstehen.
Kunst ist wie du und ich,
Kunst ist Natur –
unsere Sinne müssen sie nur richtig betrachten.

Lore Kienzl

Virtuos

Die Geige spielt den ersten Ton.
Der Geiger spricht: „Das war es schon!“

Verwundert’ Auditorium
sieht sich nach allen Seiten um.

Der Künstler sich ganz tief verneigt –
und Kunst oft unverständlich bleibt.

Marianne Porsche-Rohrer

Musik

Dass Töne Leib und Seel' berühren,
Kann jeder im Konzert verspüren,
Und mit Musik, die leis' erklingt,
Man vielen Menschen Wohltat bringt.

Beim Zahnarzt eine Sonatine
Verdeckt den Klang der Bohrmaschine.
Bei Spannungskopfschmerz, Muskelkrämpfen,
Kann Händel leicht die Qual bekämpfen.

Auch Magenweh und Stress sogar
Sind beethövlich behandelbar.
Den Blutdruck mozärtlich zu senken,
Wird Freude und Entspannung schenken.

Mit Bach lernt man Gelassenheit
Und nimmt sich gerne etwas Zeit.
Doch auch Puccini oder Haydn
Sind wirksam für bestimmte Leiden.

Und neuerdings fand man heraus,
Dass im OP im Krankenhaus
Narkosemittel wird gespart,
Wenn man's mit schönen Klängen paart.

Drum geh mal wieder ins Konzert,
Dann wirst du frei und unbeschwert.

Gerwin Degmair

Sehnsucht nach Mozart und Haydn

Aus ist's, vorbei, das Orgel-Konzert im Kloster!
Gespalten erschien das Gros der Konzert-Verkoster,
am Ende ihr Beifall erscholl jetzt – mal zaghaft, mal reich –,
das Antlitz des Orgelmanns aber war immer noch bleich
nach seinem schrillen, pathetischen „way of life".

Vielleicht war's ja gekonnt,
doch für mich schlicht nur Orgelgekeif'.
Als Freund der Moderne zu gelten, ist ja gut und recht,
doch was taugt schon ein „Gastmahl",
wird's dem Gast dabei schlecht?!
Was dachten die andern?

Mein Sinn stand nach Whisky und Cognac. –
Ich fragte mich schaudernd:
Wem mangelt es hier an Geschmack,
am Verständnis für Kunst und Kultur
und erst recht für Musik?!
Hab ich denn allein im Gehörgang den akustischen Knick?

Fast wär' ich beim Dröhnen der Dissonanzen erfroren
und hätte vielleicht noch zuletzt den Verstand verloren,
wär nicht wie zum Trotz
von der Schola der Mönche, den frommen,
zu passenden Zeiten
Choralklang „wie vom Himmel" gekommen…

So galt auch am Ende erlösend im Hohen Haus
vor allem den Mönchen mein wilder, doch stiller Applaus.

Was da mir nur blieb,
war die Sehnsucht nach Mozart und Haydn.
Ich schwör es, bei Gott, hier im Kloster –
mit „zehntausend Eiden" –,

nach Beethoven, Händel,
Vivaldi, Schubert und Bach,
nach diesem „wie schön!“ „einfach herrlich!“,
diesem begeisterten „Ach!“,
denn:
Was schon klingt edler, vollkommener noch
als der „klassische Krach“?!

Lore Kienzl

Crescendo

Und als der letzte Ton verklang,
ein Schlussakkord in scharfem Moll,
sprang auf das feine Publikum
in heftiger Empörung.

Der Maestro senkte seinen Stab,
sein Ernst wich einem Lächeln –
es mutete fast spöttisch an.
Der Götter Weckruf – er kam an.

Ein einzig Bravo flammte auf,
schwang sich empor
auf kühnen Wegen,
dem göttlichen Olymp entgegen.

Helmut Glatz

Debussy

Er schrieb vom Zauberglanz unendlich blauer
Pausen, die ins Meer der Töne fielen,
auf dessen Wellen helle Lichter spielen
im ew'gen Tanz von Heiterkeit und Trauer.

In seltsamer Verwandlung werden Schleier
zu schönen Körpern, die hernach vergehen.
Bemerkst du es, so ist es schon geschehen.
Wie Lachen tönt's im Uferschilf am Weiher.

Und aus dem Laubwerk klingt der Flöten Klage.
Ein Windhauch schaukelt leise in den Bäumen.
Chevaux de bois. Nun ist es Zeit zum Träumen
im Schatten dieser stillen Nachmittage.

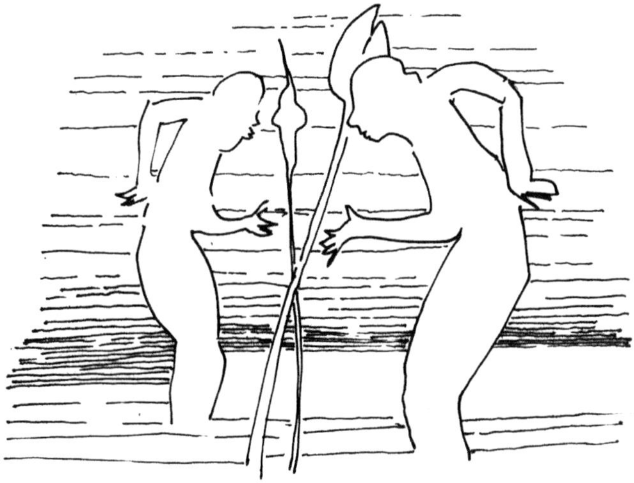

Günter Bohn: *Tänzchen*

Angelika Müller

Der Tanz

Wirbelnd, schwebend –
auf den Füßen lebend
betört die Musik.

Fliegende Schleier –
weiter und freier,
fliegt auch das Glück.

Wiegen und drehen –
mit den Tönen gehend
gleichsam Einklang entsteht.

Zittern und Beben –
sich vom Boden erhebend
schwimmt Gegenwart und zergeht.

Die Sinne wandern
von einem Ton zum andern –
Einheit bildet sich, wächst.

Kreise, Figuren entstehen,
Grenzen des Körpers vergehen –
als du das Kreative entdeckst.

Körper- und Sinnlichkeit,
Starre und Härte so weit –
die Hüfte im Takt sich dreht…

… du kannst fließen, fließen,
Freiheit genießen –
es packt dich ganz
der Tanz.

Hannelore Warreyn

Beim Singen

Wenn
meine Stimme hell erklingt
und
mich die Töne
in eine andere Welt tragen
dann
trage ich ein Licht
aus mir selbst heraus
aus meiner Seele

Wenn
es dunkel ist
dann
singe ich
bis es wieder
hell
wird in mir
vielen Leuten hilft Beten
mir hilft Singen und Beten

ich mache es den Vögeln nach
ich beginne den Tag mit Singen
und beende den Tag mit Singen

Helmut Glatz

Bremen ist eine schöne Stadt

Bremen ist eine schöne Stadt, eingebettet zwischen dem Fluss und dem Berghang, mit vielen kleinen Gassen und prächtigen Häusern und schönen Kirchen und lauschigen Plätzen. Sie ist auch eine sehr bewegte Stadt. Wenn man durch die engen Gassen geht, kann es sein, dass auf einmal ein Haus sein Maul aufreißt, und schon ist man verschluckt. Was nicht weiter tragisch ist, wenn es sich um ein Wirtshaus handelt. Die Märkte wechseln öfter ihren Platz. Wo an einem Tag der Rossmarkt ist, befindet sich am nächsten Morgen der Christkindlmarkt oder am dritten Tag der Gemüsemarkt oder gar der historische Handwerkermarkt. Man kennt sich überhaupt nicht mehr aus, so viel Bewegung ist in der Stadt, und sie wäre wahrscheinlich schon längst den reißenden Fluss hinuntergespült worden, wenn sie nicht mit ihren Kirchtürmen am Himmel befestigt wäre. Wie gesagt, Bremen ist eine sehr schöne und aufregende Stadt.

War einmal ein alter Musikant, der besaß einen Bass, groß wie ein Kahn, auf dem man einen Fluss hinunterfahren kann, mit einem Ton, tief wie der Brunnen auf dem Schlossberg. Der Musikus aber war überhaupt nicht zufrieden mit seinem Instrument. Er sagte, ich will keinen Fluss hinunterfahren, und ich will auch in keinen Brunnen steigen. Ich will Musik machen, aber du bist zu alt. Du hast die Arthrose in deinem Körper, hie und da einen Hexenschuss, und das Rheuma ist auch nicht weit. Wenn ich G spielen will, kommt aus dir nur ein Aah heraus, und wenn ich ein A spielen will, bekommst du einen Hustenanfall. Kurz und gut, ich brauche dich nicht mehr, du taugst gerade noch, um in den Ofen geschürt zu werden.

Das aber wollte der Bass nicht, und da machte er sich in der Nacht heimlich auf und schlich aus dem Haus. „Auf der Landstraße ist es immer noch besser, als im Ofen verbrannt zu werden“, sagte er. „Ich will nach Bremen gehen, das soll eine sehr romantische und aufregende Stadt sein.“

Und wie er eine Weile in die Morgendämmerung hineingegangen war, traf er auf ein Cello, das lehnte an einem Baum und schaute betrübt. „Was lehnst du hier am Baum und bläst Trübsal in diesen fröhlichen

Frühlingsmorgen hinein?“, fragte der Bass mit seinem tiefen A. Seine Arthrose machte sich wieder bemerkbar.

„Du hast leicht lachen und fröhlich sein!“, sagte das Cello. „Mein Besitzer hat mich hinausgeworfen. Ich sei völlig unnütz, hat er gesagt, überflüssig wie ein Blinddarm. Du knurrst nicht und bellst nicht, hat er gesagt. Wenn ein Einbrecher kommt, kannst du ihn nicht einmal beißen. Und Eier legst du auch keine, und braten oder sieden kann man dich auch nicht.“

„In der Suppe kochen?“, fragte der Bass erstaunt. „Und braten und sieden?“

„Du musst wissen, mein Besitzer hat mich auf dem Flohmarkt erstanden und weiß absolut nichts mit mir anzufangen. Vielleicht hat er mich mit einem Hund verwechselt. Oder mit einem Suppenhuhn. Und dabei bin ich doch ein Cello.“ Das Cello nickte traurig. „Er muss doch sehen, dass ich keine Zähne habe und keine Federn und keine Flügel. Ich lege auch keine Eier, das weiß jedes kleine Kind. Und jetzt sitze ich da und bin kein Suppenhuhn und kein Wachhund und beiße nicht und belle nicht und weiß nicht, wozu ich nütze sein soll.“

„Lass dich’s nicht verdrießen“, sagte der Bass. „Komm mit, wir gehen nach Bremen, das ist eine schöne, romantische Stadt, dort verdingen wir uns als Stadtmusikanten.“ Des war das Cello zufrieden, und zu zweit zogen sie weiter.

Gegen Mittag aber trafen sie eine Geige, die hing an einem Baum und miaute und heulte zum Steinerweichen. „Was hängst du hier auf dem Baum und heulst und miaust zum Steinerweichen?“, fragte der Bass im tiefen A.

„Ich bin alt und krank“, sagte die Geige. „Halsweh, Ohrensausen, Schüttelfrost. Ich war die Geige des Konzertmeisters im Orchester und sein ganzer Stolz. Aber plötzlich – es war im dritten Satz von Boccherinis berühmtem Streichquintett Opus 30 (Musica Notturna delle Strade di Madrid!) – fuhr mir ein solcher Schmerz in meinen Geigenkörper, dass ich jämmerlich aufheulte. Ihr könnt euch gar nicht vorstellen, welcher Tumult plötzlich losbrach. Das Publikum johlte, der Dirigent tobte, und der Konzertmeister wurde mit Schimpf und Schande aus dem Saal gejagt. ‚Ich könnte dir den Hals umdrehen!‘, rief er. ‚Verschwinde! Geh aus meinen Augen!‘. Und da habe ich mich nun an diesen Baumast gehängt, um meinem unnützen Leben ein Ende zu bereiten."

„Dein Leben ist nicht unnütz!", sagte der Bass. „Eine Geige kann man immer brauchen. Komm mit, wir gehen nach Bremen, das ist eine schöne, romantische Stadt, dort verdingen wir uns als Stadtmusikanten." Da sprang die Geige von ihrem Ast herunter, und zu dritt zogen sie weiter.

Da trafen sie eine Flöte, es war schon gegen Abend. Die saß auf einem Baumstamm und blies aus dem letzten Loch. Die anderen Löcher waren nämlich alle verstopft. Nun klang sie wie eine erschreckte Dampflokomotive und wollte gar nicht aufhören mit ihrer Klage.

„Sei doch einmal still!", sagte der Bass im tiefen A, und sein Rheumatismus machte sich wieder bemerkbar. „Das klingt ja fürchterlich. Warum jammerst du so?"

„Oh, ich arme Flöte", jammerte die Flöte. „Ich habe eine respektable Vergangenheit, ich war die Flöte des Starflöters eines respektablen Zirkusunternehmens. Leider besaß der Zirkus nicht nur eine zirzensische Kapelle, sondern auch einen höchst unmusikalischen Löwen. Und eines Tages regte ihn das Flötenspiel meines Herrn so auf, dass er aus seinem Käfig ausbrach, meinen Flötenspieler auffraß und so lange auf mir herumkaute, bis ich ganz zerschunden, zerschrammt und verbogen war."

„Er hat den Flötenspieler aufgefressen?", entsetzte sich die Geige.

„Vielleicht hat er ihm auch nur die Fingernägel abgekaut", meinte die Flöte. „Auf jeden Fall war ich so demoliert, dass man mich auf den Sperrmüll warf. Ich konnte mich gerade noch bis hierher schleppen. Und da sitze ich nun und pfeife aus dem letzten Loch."

„Lass dich's nicht verdrießen", sagte der Bass. „Komm mit, wir gehen nach Bremen, das ist eine schöne, romantische Stadt, und verdingen uns dort als Stadtmusikanten." Des war die Flöte zufrieden, und zu viert zogen sie weiter.

Nicht lange danach, es dämmerte bereits, trafen sie ein Triangel. Es war ganz verbogen, wusste aber nicht, was mit ihm geschehen war, weil es sein Gedächtnis verloren hatte. Auf jeden Fall klang es schräg und blechern und auch sonst ganz entsetzlich. Und es schloss sich ihnen ebenfalls an.

Und dann kam die Nacht, und es wurde finster, und der Wald war voller seltsamer Geräusche, und sie begannen sich zu fürchten. „Wenn wir doch nur ein Obdach hätten!“, jammerte die Geige. „Mein Herr hat mich nie ins Freie gelassen, damit sich mein zartes Holz nicht verzieht und damit ich mich in der kühlen Nachtluft nicht verstimme.“ „Wie schrecklich ist es doch in der Dunkelheit“, sagte das Cello. „Da sieht man keine Noten und verspielt sich ständig.“

Auf einmal sahen sie ein Licht durch die Bäume blinken. Es fiel aus dem Fenster eines kleinen Hauses, das mitten im Wald stand.

„Vielleicht können wir hier einen Unterschlupf finden für die Nacht“, meinte der Bass. Er schlich näher und machte einen ganz langen Hals, so konnte er mit seinen Astaugen durch das Fenster in die Stube sehen. Und was sah er? Da saßen sie beisammen, der Aufsichtsratsvorsitzende und der Börsenmakler und der Bankenvorstand und der Ölkonzernchef, und waren gerade dabei, die Welt unter sich aufzuteilen.

„Das dürfen wir nicht zulassen!“, flüsterte der Bass im tiefen A. „Wenn die Welt aufgeteilt ist, bleibt für uns nichts mehr übrig. Wir müssen sie vertreiben, die Räuber und Bösewichte.“ Und da kletterte das Cello auf ihn hinauf, und die Geige kletterte auf das Cello, und obendrauf setzte sich die Flöte, und ganz zuoberst auf der Flöte balancierte das Triangel. Und auf Kommando begannen sie zu musizieren, so schrecklich, wie man es in diesem Wald und auf der ganzen Welt noch nie vernommen hatte. Der Bass basste, das Cello cellote, die Geige geigte, die Flöte flötete und das Triangel triangelte, das klang so schauerlich, dass sich die Baumstämme bogen und selbst die Taubnesseln Ohrenschmerzen bekamen. Weil sich aber das Triangel unvorsichtigerweise zu weit vorbeugte, verlor der musikalische – beziehungsweise unmusikalische – Turm das Gleichgewicht und kippte um, gerade in das Fenster hinein. Die fünf Musikanten aber ließen sich's nicht verdrießen, sondern bassten und geigten und cellоten und flöteten nur immer weiter, wie sie es eben verstanden. Da packte die Räuberbande das blanke Entsetzen, und sie rannten durch die Tür hinaus in den Wald und hinein in alle Welt und waren nie mehr gesehen.

Die fünf aber verbrachten die Nacht in der warmen Stube. Und am nächsten Morgen wanderten sie weiter nach Bremen. Dort stellten sie sich auf den Hauptplatz, direkt vor den Marienbrunnen, und musizierten, wie sie es eben verstanden. Und viel Volk sammelte sich um sie herum, und der Magistrat kam vorbei und fragte, zu wes Behufs und Zwecks diese Veranstaltung und ob sie ordnungsgemäß angemeldet wäre. Der Bass antwortete, sie würden sich gerne als Stadtmusikanten verdingen, weil Bremen eine so schöne und romantische und sehr musikalische Adresse sei. Da strichen sich die Magisträte ihre Bärte, und auch der Oberbürgermeister kratzte sich am Kopf und meinte, als Musikanten wären sie wohl weniger geeignet. Aber wenn sie versprechen würden, still zu halten, könnte man sie entlohnen, eine Art Schweigegeld, und davon könne man auch leidlich existieren. Des waren die fünf zufrieden.

Angefügt sei noch, dass unser Ensemble von nun an jeden Samstagnachmittag auf dem Hauptplatz vor dem Marienbrunnen ein vielbeachtetes Konzert gab, bei dem der Bass nicht basste, das Cello nicht cellote, die Geige nicht geigte, die Flöte nicht flötete und das Triangel schwieg wie ein Fisch. Ein Genuss für Groß und Klein und Alt und Jung! Und wenn sie nicht gestorben sind, so schweigen sie noch heute.

Thomas Glatz: *Im Surrealismus-Museum*

Dichtung und Wahrheit

Günter Bohn: *Loslassen*

Wir können die Wahrheit wissen, aber wir können nicht wissen, wann wir sie wissen. (MD)

Klaus Köhler

Bücher, Bücher

Bendix hatte sein erstes Buch zum ersten Weihnachtsfest nach dem Kriegsende bekommen. Ein eigenes Buch! Es hatte den Titel „Die Felle des Trappers“ und spielte im Wilden Westen Nordamerikas. Er las es mehrmals. Dazu suchte er im Weltatlas auf der Amerikakarte die Orte, die im Buch erwähnt waren.

Die Freude über das erste eigene Buch währte jedoch nicht lange. Denn im Frühjahr begann der Vater etwas ganz Neues. Er besorgte sich von allen möglichen Stellen zu seinen eigenen Büchern zahlreiche Bände hinzu. Die schlechten Buchdeckel ließ er in einer Plöner Buchbinderei erneuern.

Im schmalen Hausflur wurden in ein hohes Regal allmählich Hunderte Bücher aller Art eingereiht. Einige Bücher mit unansehnlichen Deckeln wurden mit Umschlägen aus Packpapier versehen, wobei Bendix und seine jüngere Schwester mit zunehmendem Geschick halfen. Man hatte nun eine Leihbücherei im Haus, in die auch Bendix’ Buch eingegliedert wurde.

Durch die Folgen der Kriegsereignisse hatte das Dorf Ascheberg dreimal so viele Einwohner wie vor dem Krieg. Ausgebombte Kieler Familien wohnten nun in der neuen Siedlung und auch, beengt, in weiteren Häusern. Hinzu kamen viele Flüchtlinge aus den östlichen Ländern des alten Reiches.

Diese Menschen hatten zwar das Nötigste retten können; aber wer dachte schon an Bücher, wenn es galt, in den Luftschutzkeller zu gehen oder sich einem Flüchtlingstreck anzuschließen?

Dazu kam eine hohe Zahl Arbeitsloser. Die Menschen hatten also viel Zeit und das Bedürfnis, mal wieder ein Buch zu lesen. Die Ausleihzeit war auf zwei Wochen begrenzt. In Karteikästen waren Karten für die Kunden einsortiert. Darauf war auch vermerkt, dass man zu Beginn seiner Teilhabe an der Leserschaft ein Pfand in Höhe von zehn Reichsmark hinterlegt hatte. Wer als Leser ausschied, erhielt das Geld zurück. Je nach Dicke des Buches betrug die Leihgebühr 20, 30 oder 40 Pfennig.

Was Bendix gut fand, war der Stempel, den sein Vater hatte anfertigen lassen. Damit wurde unten auf die Seiten 99, 199, und so weiter folgender Spruch in die Bücher gestempelt:

Lieber Leser, vergiß es nicht:
Beim Lesen ißt und trinkt man nicht.
Erstens ist es nicht gesund,
zweitens wird das Buch leicht ‚bunt'.
Und die bekannten Eselsohren
haben im Buche nichts verloren,
denn es soll vor allen Dingen
noch recht vielen Freude bringen.

Dass sein Buch nun zwischen vielen anderen in einem Regal stand, hatte Bendix rasch verschmerzt. Er konnte ja nun aus dem Vollen schöpfen. Aber er musste jedes Mal den Vater fragen, ob er das Buch, das er sich ausgesucht hatte, auch lesen durfte. Deshalb las er erst einmal Tierbücher, später Indianerbücher von Gerstäcker und Karl May, die Bücher von Mark Twain über Tom Sawyer und dessen Freund Huckleberry Finn. Er ruhte auch nicht eher, bis er im Atlas die in den Büchern erwähnten Länder, Orte und Flüsse gefunden hatte. Dadurch wurden seine Geographiekenntnisse immer besser.

Zwei Jahre später, als er mit einigen Klassenkameraden freiwillig an zwei Nachmittagen in der Woche Englischunterricht nahm, gewann er bei einem Preisausschreiben in Form einer Prüfungsarbeit den zweiten Preis. Und was war der Preis? Es war das Buch „Die Schatzinsel". Als ersten Preis bekam seine Klassenkameradin Gertrud ein englisches Wörterbuch. Sein Preis gefiel Bendix besser.

War es verwunderlich, dass Bücher Bendix sein ganzes Leben begleiteten?

Hannelore Warreyn

Schreibwarnung

Wir
Autoren-Toren
haben heute Ausgang
ab jetzt und die ganze Nacht lang
man hört es überall schon munkeln
alle wollen gleich am Tag
und nicht erst abends funkeln
mit Sprechblasen
Witzen und Geistesblitzen

Wenn
meine Gedanken
hin und her fliegen
Silben vibrieren
und
Wörter schillern
sich Sätze bilden
sich streicheln lassen
sich aneinanderreihen
aus mir heraus
und
meine emsigen Finger dem
angeregten Gedankenspiel
kaum folgen können
dann
habe ich meine Mitte gefunden
und
es entsteht ein neues Gedicht

Klaus Wuchner

Gescheitert

Ich wollt' ein Gedicht schreiben,
vielleicht heiter,
es musste sich auch nicht reimen,
sich nicht in Fantasie versteigen,
den Leser nicht zu Tränen rühren,
weder belehren
noch zu philosophischen Gedanken führen.
Allein meine geheimsten Gedanken
wollt ich für mich behalten.
Und so denke ich
weiter,
weiter
und weiter,
bis am Einschlafen
mein Gedicht scheitert.

Gerwin Degmair

Wär's nicht so albern

Wär's nicht so albern, reimt' sich „schnell"
mal schnell ganz schnell auf Karussell
auf Aquarell, Bordell und Fell
und, abgesehn von Karamell,
ganz generell auch auf Duell,
doch speziell, mehr kulturell,
auf Apfel-Schuss und Wilhelm Tell,
nicht „Apfelmus" – du weißt schon, gell?
das gibt's da vorn im Grand Hotel –
komm mit, wir essen dort eins schnell!

Monika Hrastnik

Was mir durch den Kopf schwirrt

Worte, die sich aneinanderreih'n,
sich einbilden, ein Reim zu sein.
Wörter, die wild mir entgegenschwimmen,
um ungenutzt und ungehört
im Nirwana zu verschwinden.
Texte, die sich im Gedächtnis verankern.
Lieder, bei denen Freude und Kraft wir tanken.
Worte, Wörter, Texte, Lieder
kommen immer wieder immer wieder.
Gedanken schwirren
hin und her,
manche sich im Grau verirren,
von Sorgen und von Ängsten schwer.
Worte und Wörter reih'n sich ein,
werden der Gedanken Widerschein.

Renate Exsz

Schreiben!

Niemals habe ich geschrieben,
weil ich ein Sprachgenie bin
und die Theorie in Vollkommenheit
in die Praxis umsetzen wollte.
Nein!
Ich schreibe immer, weil mein Herz
etwas zu sagen hat – und mein Verstand.

Gerwin Degmair

Übung macht den Meister

„Übung macht den Meister“,
spricht ein leicht vergreister,
wenig weit Gereister.
„Und dank Kellergeister
wirst du feist und feister,
ja, du wirst auch dreister
und stürzt dich koppheister
in den Dichterkleister.
Doch die Klebemasse
schmeckt nicht nach Melasse!“

Da kam’s mir im Stillen,
ohne Widerwillen:
Also will auf Erden
ich nicht Meister werden
und auch nicht Geselle,
nicht mal auf die Schnelle.
Ja, sogar als Lehrling
wär ich nur ein leer Ding,
bittend um Verständnis
für derart Erkenntnis!

Corinne Haberl

Ars dictandi oder: Die Kunst des Schreibens

In Ars-en-Ré
tun mir die Beine weh.
Lieber ars armatoria
in der weiten Pampa
mit Gauchos aus Santa Fe.

Ars-en-lupinus, Artist,
hat Zwist
mit dem Trapez,
fällt ihm auf den Dez –
ach, welch ein Mist!

Von Ars-enal
nach Arenal,
krank am Magen,
in sieben Tagen
fliegt ein Wal.

Thomas Glatz

Der Stift, mit dem ich schreibe

Der Stift, mit dem ich schreibe,
hat eine High-Tech-Spitze aus Edelstahl.
Der Stift, mit dem ich schreibe,
hat eine Strichbreite von etwa 0,6 mm.
Der Stift, mit dem ich schreibe,
hat ein Sichtfenster zur Kontrolle des Tintenstands.
Der Stift, mit dem ich schreibe,
hat eine Schreiblänge von 2800 Metern.
Aber keine Angst: So lang wird dieses Gedicht nicht.

Angelika Müller

Papieriger Freund

Geduld zeichnet dich aus,
eine unbeschriebene Unvoreingenommenheit.

Klaglos saugst du alles auf
in deine blütenweiße Weste.

Hochs und Tiefs treffen zusammen,
passen abwechslungsreich zueinander
und stören sich gegenseitig nicht.

Verträglich nimmst du an
und verlässlich zeigst du her,
was das Leben so alles zu bieten hat.

Treu bist du da,
passt in jeden Winkel, auf jeden Tisch,
lässt alle Veränderungen über dich ergehen.

Lässt mich gewähren, so wie ich momentan will.
Mit dir fang ich auf neuer Seite neu an.
Doch … deine Materie ist tot!

Paul H. Wendland

Ein profiliertes Zeilengesicht

In der hermetischen Philosophie
spricht „das Ungesagte“ lyrisch Bände. –
Zwischenzeilige Empfindungseinwände
verleihen den Worten eine feinsinnig
schwingende Peripetie; „irdisch“ ist des
Menschen Gedankenwelt – was den
Verstand betrifft, ziemlich eingeschränkt.

Erst wenn der Mensch geistempfindend seine
Gedanken prüft und lenkt, wird ihm die Kraft
bewusst, die ihn auch außerirdisch, in
seinem Seelendasein am Leben erhält.
Mythen und Märchen bieten sich an,
als alternative Seelenspeise. „Rot-
Käppchen bringt in seinem Körbchen
Schaumwein und Schnittchen.“ – Nein!

Das hier – ist kein Gedicht
über ein modernes Lieblings-
Gericht. Es ist ein profiliertes
janusköpfiges Zeilengesicht aus
irdischen Schatten und außerirdischem Licht –
eines forschenden Lyrikers Wortlautgebilde
aus philosophisch aufklärender Erlebnispoesie.

Peinliche Anfrage
(an Mallarmé)

Ihr der Phiole gedenkend

erwächst Leidenschaft
für Rundes und entschwindet
wie einstmals frisches Grün
im Nebel stiller Wasser

Während unnahbar
durch kalte Lava gefangen
der Keim ruht dem Wunsche gleich

nicht zu ernst im Kummer
den Stab des Klausners vergessend

Das Erz ihm bleibe schlagendes
Zeugnis vermuteter Entschlüsse
widerlegend die Rächenschaft
früherer Bekenntnisse im Roste
abkühlender Dünste Hauch

md 2012

Max Dietz: *Peinliche Anfrage*

Roland Greißl

Wunschgedankenwelten

Gedanken ruhen.
Still wie die Nacht,
ruhig wie der kühle Morgen ruhen sie.
Gedankenruhe.
Seelenruhe.

Gedanken denken.
Besonnen wie die Weisheit,
leise wie der ehrwürdige Greis denken sie.
Gedankendenken.
Seelendenken.

Gedanken fliehen.
Flink wie die Gazelle,
schnell wie die flüchtige Sternschnuppe fliehen sie.
Gedankenflucht.
Seelenflucht.

Gedanken springen.
Bockig wie der Esel,
der starrborstig-ungezähmt-junge, so springen sie.
Unbeherrscht wie die zischende Fontäne,
überrascht über sich selbst, so springen sie.
Gedankensprünge.
Seelensprünge.

Gedanken träumen.
Zeitlos über distanzlose Fernen
heben geräuschlos sie ab,
träumen fort sich in ferne Welten,
richten wohlig dort sich ein.
Gedankenträume,
Seelenträume
gestalten erhabene
Wunschgedankenwelten.

Helmut Glatz

Der Geschichtentopf

Hinter dem Dorf, am Fuße des Stoffersberges, war ein dunkler, alter Wald. In der Mitte des Waldes war ein altes Haus. In diesem alten Haus war eine dunkle Stube. In der Stube war ein alter Herd. Auf dem Herd stand ein alter Topf. Das war der Geschichtentopf.

Der Wald gehörte dem Grafen, die alte Hütte aber und der alte Herd und der alte Topf gehörten dem Kohlenbrenner.

Da hockten wir also zusammen, wenn es draußen nichts zu tun gab, der Kohlenbrenner und ich, und ließen den Kessel dampfen und kochten die schönsten Geschichten. Geschichten von Hexen und Feen, von Zwergen und Riesen, von Königen und Zauberern, von Wanderburschen und Aushilfskellnern. Was sich eben so ergab. Der Kohlenbrenner wusste, was in die Geschichten gehörte. Da waren blaue, buntschillernde Federn vom Eichelhäher, rote, glänzende Hagebutten, weiße Birkenrinde, Alraunenwurzeln und Fledermauszähne. Süß wie Honig und salzig wie Tränen, bitter wie Birkenlaub und scharf wie Pfeffer schmeckten die Geschichten, und sie rochen nach Meeren und Mooren und Wäldern und Wüsten und Höhlen und Bergen und Zauberei und Abenteuern und fernen Ländern.

Eines Tages aber stand ein Kesselflicker vor der Hütte des alten Kohlenbrenners. „Dein Topf ist ein Sanierungsfall", sagte er. „Der Boden durchgebrannt, die Wand verkohlt, der Henkel locker. Wenn du einverstanden bist, repariere ich das marode Ding. Dann ist der Kessel wieder wie neu, und bis heute Abend hast du ihn zurück." Er klemmte sich den Topf unter den Arm und verschwand schnurstracks im Dunkel des Waldes. – Gut Ding braucht Weile. Es wurde Abend, es wurde Morgen, es wurde wieder Abend. Wer aber nicht kam, war der Kesselflicker.

„Was machen wir nur?", fragte der Kohlenbrenner, nachdem wir fünfundfünfzig Partien „Mensch ärgere dich nicht" gespielt hatten und uns vor Langeweile und Müdigkeit die Augen tränten.

„Es bleibt uns nichts anderes übrig, wir müssen uns auf den Weg machen, um den Kessel zu suchen", sagte ich.

Gesagt, getan. Auf der Waldwiese trafen wir den Maulwurf. „Unter der Erde ist er nicht, euer Topf", grunzte der schwarze Geselle. „Da kenne ich mich aus wie in meiner Hosentasche."

„Du hast ja gar keine Hosentasche“, warf ich ein.

„Weil ich keine Hose habe“, brummte er ärgerlich. „Wenn ich eine Hose hätte so wie du, hätte ich auch eine Tasche. Und darin würde ich mich auskennen.“

In den dichten Baumwipfeln sprang einer herum mit rostrotem Fell und buschigem Schwanz. Das war der Eichkater. „Hier ift er nicht, euer Topf“, lispelte er. „Da kenne ich mich auf wie in meiner Weftentafe.“

„Du hast ja gar keine Westentasche“, warf ich ein.

„Weil ich keine Wefte habe, du Dummkopf“, sagte der Eichkater. „Mein Grofvater hatte eine Wefte. Eine grüne Wefte mit einer Weftentafe und einer Uhr darin an einer goldenen Kette.“ Das war natürlich gelogen. Eichkater nehmen es mit der Wahrheit nicht so genau.

Wir gingen weiter, immer weiter in den Wald hinein. In der Mitte des Waldes, wo die Bäume am dichtesten waren, trafen wir Munin, den Raben.

„Leise!“, krächzte er und streckte seinen Kopf über den Nestrand heraus. „Ich bin gerade am Brüten. Sieben allerliebste Eier. Aber wenn man sie erschreckt, werden sie später Legastheniker.“

„Die Eier?“, fragte ich verwundert.

„Die Küken, wenn sie geschlüpft sind“, knarzte der Rabe.

„Und der Kesselflicker? Hast du den Kesselflicker gesehen“, erkundigte sich der Kohlenbrenner.

„Keine Frage!“, krächzte Munin, der weise Rabe. „So wie du den Fall schilderst, kann es sich nur um Mac Kinsey handeln.“

„Mac Kinsey?“ Wir rissen erstaunt die Augen auf.

„Mac Kinsey, der krumme Hund. Er ist scharf auf abenteuerliche Geschichten.“

„Und wo ist er jetzt?“, rief ich. „Wie können wir ihn finden?“

„Überhaupt nicht“, sagte der Rabe. „Er ist überall und nirgendwo. Ihr könnt euren komischen Topf schon einmal abschreiben.“

Das aber taten wir nicht. „Wir müssen uns trennen“, meinte der Kohlenbrenner. „Du suchst überall, und ich suche nirgendwo. Und wer den Topf als erster findet, hat gewonnen.“

Des war ich zufrieden. Wir verabschiedeten uns mit einem festen Händedruck, dann rannte der Köhler nach nirgendwo, während ich mich nach überall wandte.

Was sah ich da nicht alles!

Auf einer Lichtung im Wald stand das Nichts und sang den Andachtsjodler, unter den Wurzeln der Weltenesche kämpfte der rotgraue Krempling gegen den gelben Speitäubling, am Bachufer gab das Vergissmeinnicht Autogramme, und im Schatten des Mondlichts sammelten die Natifhaften die Schreie der ungeborenen Schmetterlinge.

Wo aber war Mac Kinsey, der krumme Hund? Dreimal dürft ihr raten! Aber ihr erratet es nicht, auch wenn ihr viermal ratet! Ich entdeckte ihn auf der Frankfurter Buchmesse inmitten einer dichtgedrängten Menge neugieriger Menschen. Alphabeten, Analphabeten, Lektoren, Leser, Lehrer, Journalisten, Jesuiten, Kommunikationskoedukatoren und Korrelationskoeffizienten. Auch ein Verleger war darunter. Mac Kinsey aber hatte den Kessel aktiviert und zauberte eine Geschichte nach der anderen aus dem Gefäß.

„Ein Genie!“, flüsterten die Leute andächtig. „Der neue Stern am Poetenhimmel!“

Ich aber war nicht mehr zu halten. Gewaltsam drängte ich mich durch die Menge. „Der Mann ist ein Betrüger!“, schrie ich wütend. „Das ist unser Kessel. Er hat den Kessel gestohlen. Er kann gar keine Geschichten erzählen!“

„Was soll denn das?“, fragte der Verleger und wurde ganz verlegen.

„Ein Verrückter! Rette sich, wer kann!“, krähte eine dürre Lektorin.

„Ein Aktionskünstler. Er will uns alle verkesseln. Ich meine, verkohlen“, schrie ein angehender Legitimationsrat.

„Nun lasst uns alle mal zusammensetzen und erst mal die Problematik in aller Ruhe besprechen“, schlug ein schon etwas betagter Sozialpädagoge vor.

Mac Kinsey hatte den Topf mit geifernden Fingern umfasst und starrte mich aus seinen schwarzglänzenden Augen böse an. Aber das sollte ihm nicht helfen! Blitzschnell packte ich den Henkel. Ein kräftiger Ruck, schon hatte ich ihm den Kessel entrissen. Ich wandte mich zur Flucht. Dem Verleger, der direkt hinter mir stand, schlug ich den Topf über den Schädel, stach die Lektorin mit der Spitze eines Bleistiftes nieder, rannte den Legitimationsrat über den Haufen, und dann raste ich, den Topf hinter mir herschleifend, dem Ausgang zu. Hinter mir eine johlende Menge. Hysterische Schreie, wütende Flüche, piepsende Handys, quietschende Schuhsohlen, heulende Alarmsirenen.

Ich quetschte mich durch die Türe nach draußen und flüchtete keuchend die Eschernheimer Landstraße hinunter. Wie lange würde es dauern, bis sie mich erwischten? In der Ferne hörte ich bereits die Martinshörner der Polizei, irgendwo vor mir hatte eine Antiterroreinheit eine Absperrung errichtet, auf den Dächern rundum tauchten Scharfschützen auf. In diesem Augenblick fasste mich eine harte, rußgeschwärzte Hand am Jackenärmel und zerrte mich in einen dunklen Kellereingang.

„Du hier?“, rief ich und blickte erstaunt in die feurigen Augen des Kohlenbrenners. „Wir sind umzingelt. Sie werden uns bald entdeckt haben!“

„Keine Bange!“, lachte mein Retter. „Wir sind hier nirgendwo. Da findet uns keiner.“

Was soll ich weiter noch erzählen? Unbehelligt erreichten wir den Stoffersberg, frohgemut zogen wir in die Köhlerhütte ein. Dann setzten wir den Kessel auf und kochten und brutzelten, dass die Geschichten nur so aus dem Topf purzelten.

Was aber ist mit Mac Kinsey, dem krummen Hund, geschehen? Er hat seine Schriftstellerkarriere aufgegeben und betätigt sich seitdem als Unternehmensberater.

Thomas Glatz: *Der Anflug von Ironie*

Thomas Glatz

Gedicht für eine Fliege

s

s   s

 s

ß
s
s

s … gefällt's dir?

Corinne Haberl

Homonyme und Homophone –
Im Tor und ums Tor und um den Tor herum

Thor, der Tor, im Tor, am Tor,
tort van den Toren ein Tor
mit TOR bei Thor à tort.

Anmerkungen der Autorin:
Thor: nordischer Name – Donnergott, der Donnerer
Tor: der Narr
Tor: das Fußball-Tor
Tor: der breite Eingang
tort: Neuverb der Autorin, bedeutet Toreschießen, also toren, 3. Person Einzahl
van den Toren: zeitgenössischer Theologie-Professor aus den Niederlanden
Tor: Volltreffer
TOR: The Onion Routing – Abkürzung aus der PC-Sprache/spezielles Netzwerk
Thor: Thorbräu, Brauerei in Augsburg
à tort: franz. „zu Unrecht“, gesprochen a tor mit offenem o

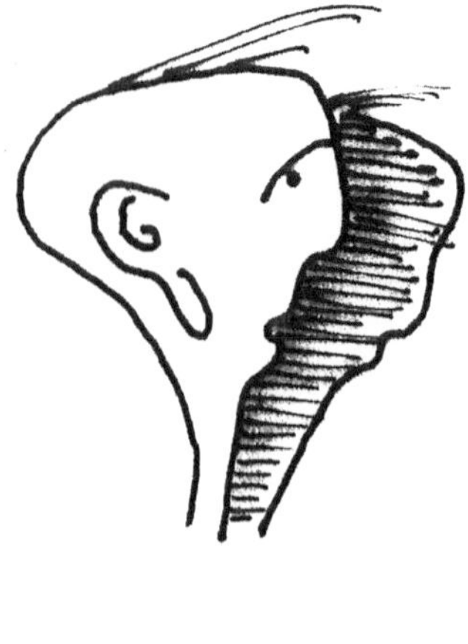

Günter Bohn: *Torpanik*

Marianne Porsche-Rohrer

Schicksalsbewältigung

Ein netter Mensch, ein ziemlich weiser,
Bekam vom Doktor Tranquilizer,
Als ihn das Schicksal heftig traf.
Er fand vor Kummer kaum noch Schlaf,

Doch dacht' er sich, dass diese Pillen
Nicht wirklich seinen Kummer stillen,
Dass sie vielleicht gar süchtig machen,
Denn das ist sicher nicht zum Lachen.

Da fing der Arme an zu dichten,
Schrieb schöne Verse und Geschichten,
Brachte sich damit selbst zum Schmunzeln,
Anstatt nur noch die Stirn zu runzeln,

Und irgendwann, das war sehr gut,
Bekam er wieder Lebensmut.
Weint er auch manchmal in sein Kissen,
Das Dichten möcht' er nie mehr missen.

Thomas Glatz

Küsse an

Mein Gedicht hat Küsse an
Was ein Gedicht so alles kann
Küsse von dir
Hier auf dem Papier
Was ein Gedicht so alles kann

Carmen Kraus

Lyrik bei dir

Buch an Buch,
bunt an bunt,
Mensch an Mensch
und
inmitten der Stadt
ein Kreis,
den Lech im Gepäck,
Lyrik im Herzen,
Lustiges spendend
dir, Gleichgesinnter,
dir, Herzensweiter,
dir, Dankerfüllter.

Dankbar zurück.

Hans Schütz

Klassische Dichternöte

Haiku geschrieben
eine Silbe zu wenig
Formfehlerteufel

Textergänzungen
Form stimmt, nur nicht der Inhalt
so scheitern Dichter

Noch einmal prüfen
zu viele der Silben jetzt
Form und Inhalt falsch

Wieder von vorne
wohl dem, der das Zählen kann
oder Prosa schreibt

Gerwin Degmair

Ein Traum…

Du hattest mich zu deiner Hochzeit eingeladen – für mich ganz wider Erwarten. Hatte zugesagt, jedoch ohne große Lust, schon der Kleidung wegen. Schwarz oder dunkelblau war mir zu förmlich, steif, feierlich und auch unangenehm, denn es war Sommer und sehr heiß. Ich entschloss mich für einen hellen Anzug, beige gedeckt.

Die Hochzeitsgesellschaft war in den stilvollen Park von Schloss … (ich konnte keinen Namen finden) geladen. Als ich mich schließlich auf den Weg machte, war ich schon viel zu spät dran. Am Schloss angekommen, hörte ich fröhliches Lärmen, ich musste jetzt noch von der Vorderseite der Barockfassade aus durch den großzügig gestalteten und mit zarten Deckenfresken verzierten Mitteldurchgang unter dem Schloss hindurch und dann jenseits eine breit ausladende, 15-stufige Treppe hochgehen, um in den Park zu gelangen.

Auf der obersten Stufe blieb ich, links und rechts von je einer fast lebensgroßen Satyr-Figur aus edlem Porzellan eingerahmt, kurz stehen, um mich zu orientieren. Überall wimmelte es von festlich gekleideten Gästen, darunter viele in weißen, ausladenden Tüll gekleidete Mädchen von vielleicht sechs bis zwölf Jahren.

… Ich wurde jetzt zu meiner Überraschung von meinem Nachbarn im ersten Haus meiner Straße, der mit kurzen Hosen und Wadlstrümpfen bekleidet war und einen taktstockartigen Gegenstand in seiner rechten Hand hielt, empfangen und auf meinen Platz gewiesen, wobei er den Taktstock von mir aus nach links schwang. Der Platz lag oben auf der kleinen Plattform eines etwa zehn Meter hohen künstlich aufgehäuften, mit Büschen begrünten Erdhügels, direkt gegenüber der Hochzeitstafel, an der ich zuvor schon von der besagten obersten Treppenstufe aus die Braut – also dich – erkennen konnte, du mich aber offenbar nicht gesehen hast. Unmittelbar hinter dir entfaltete sich die prächtige gelb-weiß strahlende Schönheit der Barockarchitektur. Eine weiß gekleidete jüngere Dame neben dir wandte sich, als sie mich auf der Treppenstufe entdeckte, zu dir und flüsterte dir wohl meine Ankunft zu.

Du drehtest jedenfalls den Kopf in meine Richtung, ohne dass ich erkennen konnte, ob du mich auch wahrgenommen hast. Ich sah dein Gesicht nur schemenhaft. Auch du warst von Kopf bis Fuß in blendendes, wallendes Weiß gekleidet und dein Gesicht mit einem ebensolchen Schleier verhüllt. Um dich herum wimmelte es von weiß gekleideten, putzmunteren jungen Mädchen; Knaben konnte ich nicht ausmachen. Alles war in blendendes Weiß getaucht. Sehr zahlreich erschienene festlich gewandete Erwachsene gaben der Festtafel und den überall zusätzlich im Park aufgestellten Tischen, an die sie sich verteilen mussten, ein würdiges Gepräge.

Ich fühlte mich ziemlich unwohl und suchte mir deshalb einen Platz in seitlich entgegengesetzter Richtung, ich wollte nicht unbedingt in deinem Blickfeld sein. Trotz der Weite des Parks mit seinen unzähligen Tischen fand ich aber nirgends einen freien Platz. Ich musste also wieder zurück, obwohl ich ja eigentlich dir nicht zu nahe kommen wollte. Ich war nicht besonders festlich-fröhlich gestimmt, eher sogar etwas eifersüchtig-traurig, da uns doch einige, wenn auch schon längst vergangene, schöne Zeiten unbeschwerten Glückes einmal verbunden hatten.

Jetzt entdeckte mich, den Suchenden, mein Nachbar wieder und wies mir erneut den Platz auf dem grünen Hügel vor dir zu. Wir flachsten noch ein wenig, ich wäre ja dann der Braut gegenüber erhöht und damit wohl zumindest an diesem Tage auch bedeutender als diese, was er aber schließlich damit abtat, dass dort ein kleines Geschenk der Braut auf mich warten würde, um das ich mich jetzt kümmern solle.

Du hattest mich inzwischen offensichtlich entdeckt und ich hatte das Gefühl, du erwartetest jetzt eine Begrüßung durch mich samt Gratulation zur Hochzeit. Ich konnte nicht, noch nicht. Ich stieg zu dem mir zugewiesenen Platz hoch und fand oben als erstes dein „Geschenk“. An einem Buschzweig nahe des Randes der kleinen Plattform, hing an einem dünnen Ast ein etwa zwölf Zentimeter langes Gummipferdchen „in gestrecktem Galopp“, das einen schrillen Pfeifton von sich gab, zwickte man es in sein Hinterteil. Auf ihm hing in waghalsiger Positur ein Cowboy, der einschließlich Halfter und Sattel mit einem schmalen Gummizug an der Nasenspitze des Pferdes verankert war. Sobald man das Pferd hinten zwickte und sein Pfeifton erscholl, schleuderte der

Cowboy kopfüber nach vorn vom Pferd herab und schlug mit dem Rücken auf dem Boden auf.

Jetzt konnte man sein fratzenartiges Grinsen im Gesicht sehen, was aber eigentlich nicht recht zu dem heftigen Sturz passte. Aber Cowboys sind nun mal, wie man sieht, hart im Nehmen, dachte ich mir.

Ich wunderte mich eine Zeit lang sehr über so ein Geschenk, ein Geschenk überhaupt, und fand keinen rechten Zugang zu ihm. Denn irgendeine schriftliche Bemerkung von dir zu ihm fand sich nirgendwo. Mehr und mehr wuchs in mir aber dann das Gefühl heran, du wolltest, dass ich nur Mittler eines Kindergeschenkes sei und das Pferdchen also an ein Kind meiner Wahl weiterschenken sollte, heute stellvertretend für dich, weil du ja „anderweitig“ beschäftigt warst.

Als ich mich umdrehte, um deshalb meinen Platz zu verlassen und den Hügel herabsteigen wollte, blickten mich unvermittelt, etwa aus Höhe meiner Hüfte, vor mir zwei strahlend-fröhliche, groß aufgerissene, braune Augen eines etwa acht, neun Jahre alten Knaben an, der mich offensichtlich schon einige Zeit beobachtet hatte, wie ich mit dem Pferdchen übte. An seiner rechten Hand führte er seinen kleineren Bruder, der noch kaum laufen konnte und daher wegen des besonders für ihn steilen Aufstieges heftig zu atmen begonnen hatte.

Aus dem pfiffig grinsenden Gesicht des Älteren aber sprudelte nur so das Verlangen nach diesem spaßigen Spielzeug. Ja, er streckte mir seine gespreizten Hände voller Erwartung stürmisch entgegen. Jetzt wusste ich, dass das Pferdchen seinen Stall, dass Pferd und Cowboy ihre Ranch gefunden hatten! So viel Glück strahlt einem nicht oft aus einem erwartungsfrohen Kindergesicht entgegen. Und nicht minder glücklich schien jetzt auch der kleinere Bruder, als sein „Aufpasser“ ihm die Künste des Cowboys immer so vorführte, dass dieser ihm beim Einsetzen des Pfeiftones direkt auf die Nase donnerte. Jedes Mal breitete sich ein herzhaftes Lachen über das kleine Gsichterl, und er klatschte dazu belustigt in die Hände. Das Glück der beiden schien vollkommen und sprang förmlich auf mich über…

Von meinem „Hochsitz“ wieder unten auf dem Boden angekommen, wollte ich mich jetzt bei dir für beides – Pferd und Glück – bedanken und dir zur Hochzeit gratulieren. Aber du warst zusammen mit der ganzen Hochzeitsgesellschaft verschwunden, einfach weg, spurlos, lautlos.

Ich wurde nervös. Ob ich vielleicht irgendetwas Bedeutsames für das Fest verpasst, nicht bemerkt hatte? Vielleicht wurde ja irgendwo im Park oder gar im Schloss zu Deinen Ehren ein Konzert deiner Chorfreunde oder ein sonstiges Kultur-Event aufgeführt, wo alle hingeeilt waren...?

Meine Nervosität nahm zu, und ich ging dich suchen, doch vergeblich. Ich verlief mich in den Weiten des Parks, fragte andere, ob ihnen irgendetwas aufgefallen sei, das nach Hochzeit „roch", nach dem Weg dorthin und stand plötzlich wieder vor der ganzen Hochzeitsgesellschaft, die sich in der Zwischenzeit auf der anderen Seite des Schlosses vor der ebenso prächtigen Barock-Fassade des Schlosses aufgebaut hatte. Vor dieser breitete sich der blumenreiche, im französischen Gartenbaustil angelegte, vordere Schlosspark aus. Ich entdeckte dich in der Mitte der langen, weiß gedeckten und stilvoll geschmückten Tafel wieder. An ihr saßen jetzt die meisten der Festgäste, und du warst wieder umgeben von einer großen Schar weiß gekleideter, um dich „rumwurlender" Mädchen...

Aber: der Bräutigam fehlte auch hier!

Ich trat näher, um mich zu bedanken und dir endlich zu gratulieren. Du erkanntest mich alsbald, der Blickkontakt riss nicht mehr ab, Gesicht und Mimik „erstarrten" in einem, in deinem unnachahmlich schönen Lächeln, für mich verlor das ganze Drumherum seine „Gestalt", sein Dasein, du hobst dein bodenlanges Kleid mit beiden Händen etwas an und gingst zügig, fast ohne jegliche Rücksichtnahme durch die Kinderschar hindurch in Richtung des westlichen Tafelendes, während ich von meinem Standort Höhe Tischmitte ebenfalls zurück zum Anfang der Tafel eilte, wo wir uns in die Arme fielen und uns eine Weile schweigend begrüßten. Mein Herz klopfte heftig, als erinnerte es sich an vergangene Zeiten... Dann tratest du einen kleinen Schritt zurück, ohne mich loszulassen und sagtest nur mit einem Lächeln im Gesicht, in deinen Augen: „Ich habe sooo auf dich gewartet!..."

Noch ehe ich etwas sagen konnte, geschah etwas Merkwürdiges: Urplötzlich und buchstäblich aus heiterem Himmel senkte sich unglaublich dichter, weißer Nebel über Schloss, Park, Hochzeitsgäste, dich und mich... Nichts, aber auch gar nichts war mehr zu erkennen, nicht einmal du mit deinem typischen Lächeln warst noch zu sehen oder auch nur zu ahnen – wir hatten einander gerade losgelassen...

Mich umgab nur noch ein Rest deiner wärmenden Nähe, während sich auch der Druck deiner Umarmung langsam verflüchtigte...

Ich spürte in mir Unruhe aufkommen, nahm meinen Herzschlag, meinen Atem wieder wahr, ich fand mich in meiner Wirklichkeit, das heißt in meinem etwas zu hart geratenen Krankenhausbett wieder und merkte – noch auf der linken Körperseite liegend –, wie ein paar Tränen aus meinen schon leicht geöffneten Augen aufs Leintuch kullerten. In diesem Moment „krachte" die Frühschicht-Schwester mit einem nicht so sensiblen „Guten Morgen" in mein Zimmer und stellte das Tablett mit dem Frühstück und dem Pillenhorror für den ganzen Tag auf dem Tischchen an der meinem Bett gegenüberliegenden Wand ab. Über ihm schwebte drohend der obligate Fernseher auf einem Stahlarm schon den fünften Tag nutzlos aus der Wand heraus, als wollte er mich nun ultimativ zum letzten Mal auffordern, ihm endlich „Leben einzuhauchen". Aber wäre dieses Leben jemals voll so schöner Träume? Ich hatte keinen Grund, das anzunehmen...

Carmen Kraus

Wilde Träume

Wilde Träume peitschen
wie verschreckte Fiakerpferde
durch schwere Nacht
rütteln an Althergebrachtem
schütteln Allzugewohntes durch
werfen sich wuchtig gegen das Tor
sehnsüchtig erwarteten Schlafes
sprengen auch die letzte Zuflucht
mühselig errungenen Friedens
verbrennen im ersten Sonnenstrahl
zu dem, was sie immer schon waren –
Asche auf meinem Haupt

Max Dietz

Begrabene Gedichte

Metapher, nie geboren,
ein Traumbild, schnell verloren,

ein Alp, woran gelitten,
erfasst – und schon entglitten!

Gedröhne, das sich staute,
bleibt Gewisper, leise Laute.

In Feuersglut Gesichter:
nur Nebel noch, Gelichter.

Träge wallt der Strom aus Klängen,
hält die Frist in seinen Fängen.

Entwürfe ziehen stumm dahin,
und ich verweile, was ich bin.

Günter Bohn

Fantasien, Gefühle und die Realität

Sitze in einem Meer von Blättern
mit geronnenen Gedanken.
Bei Flut stechen sie in See,
um an deiner Küste
von dir gelöscht zu werden.
Die Segel zur Rückkehr
kann ich nicht setzen.
Meine Lebensgrüße werden dich,
wo immer du sein wirst, begleiten.

Angelika Müller

Wortgerangel

Worte – ich halte euch fest,
möchte beschreiben, was ich erlebt;
eilt schnell, ihr Gedanken,
damit Ausdruck in Worten steht!

Doch:
Es ist ein Stehen,
kein Fließen,
ein eifrig Sehnen
und kein Genießen,
Papier, zwar bemalt, aber inhaltsleer.
Denken kommt Fühlen nicht hinterher.

Worte – ich ringe mit euch,
ihr macht Lebendiges stumm,
genügt nicht dem Erleben,
beschreibt zu einfach und dumm.

Doch:
Es ist ein Nehmen,
eine warme Erfahrung
an andre weitergegeben,
der Seele als Nahrung.
Stift, sollst eilend eifrig kreisen,
schmeichelnd mit Worten Papier bereisen.

Thomas Glatz

Worte

Worte süß wie
Mondlicht
und Worte sauer wie
Espenlaub
meine Seele erhebt sich in den
Metaphernhimmel
um von dort herabzuwinken wie eine schiffbrüchige
Kaltmamsell
die ihr Antlitz in den feuchten Sand drückt
um den
Meersaum
rauschen zu hören

Max Dietz

Wort

Nichtwort,

unendliche
Station der Zeit,
bringst unhörbares
tönend zu Gehör;
bist stummes
Geistessiegel,
geprägt vom Rhythmus
unbegreiflicher

Worte.

Boris Schneider

Über das Flummsen

Neulich morgens – es war im Urlaub – sagte mein Sohn: *„Gestern Abend ist mir der Wackelpudding vom Teller geflummst.“* Nun wusste ich, dass es beim Abendbüfett rote Götterspeise gegeben hatte, genau genommen rote Götterspeise mit eingegossenen Ananasstückchen. Und so sah ich nun vor meinem geistigen Auge einen Batzen durchsichtiger roter Masse mit gelben Stücken vom Porzellan gleiten, mit einem quatschenden Geräusch am Boden landen und sanft weitergleiten – flummsen eben.

Ein gutes Wort, dachte ich bei mir und schlug im Duden nach: Fluktuation, danach gleich Flunder; kein Flummsen! Auch im Brockhaus wurde ich nicht fündig. Lediglich Flums, eine Gemeinde im Schweizer Kanton St. Gallen, war hier erwähnt.

Stolz überflutete mein Vaterherz, mein Sohn hatte ein Wort erfunden! Und was für ein Wort! Kein simples Nomen, wie der berühmte *Spunk* von Pippi Langstrumpf, nein, ein waschechtes Verb, noch dazu ein lautmalerisches. Was immer neben Wackelpudding noch des Flummsens fähig sein mochte, ich konnte es förmlich flummsen hören.

Sofort machte ich mich daran, seine Erfindung weiter zu durchdenken. Ich flummse, du flummst, er/sie/es flummst, wir flummsen, ihr flummst, sie flummsen; Konjugieren ging jedenfalls prima. Indes konnte man die erste Person Singular derzeit nur nutzen, wenn man ein Wackelpudding war, was die Verwendungsmöglichkeiten zugegebenermaßen stark einschränkte. Es musste noch andere Dinge geben, die flummsen konnten. Ich begann nachzudenken. Ein kleiner grüner Kobold, der durch den Wald flummste, nicht versehentlich, sondern aus purem Spaß am Flummsen? Die Bundeskanzlerin, die bei einem Empfang auf dem roten Teppich ausflummst? In diesem Fall sollte man wohl eher von einem Versehen ausgehen. Flummste eine Amöbe? Wenn, dann war es hier jedenfalls eine sehr langsame Art des Flummsens. Mein Sohn besitzt einen überdimensionalen blauen Plastikteller mit Griffen, auf dem er im Winter die überschneiten Hänge hinabflummst…

Wie sah es mit dem Passiv aus? Ich werde geflummst – irgendwie konnte ich mir das gut vorstellen. Jemand schubst mich von einem großen Teller, und ich rutsche über den Boden, während ich fröhlich ausrufe: „Schaut her! Ich werde geflummst!“ Das klang recht spaßig. Vielleicht konnte man auf dieser Idee eine Art Freizeitpark aufbauen. Flummsland: Spektakuläre Bahnen und Fahrgeschäfte, die Ihnen das Herz aus der Hose flummsen! Die Erfindung meines Sohnes besaß Potential.

Neben der lustig-humorvollen Komponente enthielt das Wort jedoch auch einen gewissen leidvollen Beigeschmack. So konnte ich mir zum Beispiel sehr gut vorstellen, wie meine Tochter weinend angerannt kommt und schreit: „Der Jannik hat mich geflummst!“ Ja, ganz klar, Flummsen war nicht nur eitel Sonnenschein, das musste man im Hinterkopf behalten.

Wo war ich? Ach ja, beim Passiv. Geflummst zu werden war also eindeutig möglich. Auch der Imperativ schien gut zu passen. Denken Sie nur, wie Sie sich nach einem deftigen Rempler in der U-Bahn umdrehen und Ihren Hintermann erbost zurechtweisen: „Flummsen Sie sich gefälligst selbst!“ Ich denke, das würde sicherlich einen bleibenden Eindruck hinterlassen. Was hingegen Ihr Ehepartner meinen könnte, wenn er Sie mit laszivem Lächeln auffordert „Flumms mich Liebling!“, überlasse ich allein Ihrer Fantasie.

Kommen wir zum Konjunktiv: „Wenn ich ein Wackelpudding wäre, flümmste ich zu dir.“ Meine Stirn legte sich in Falten. Das hörte sich irgendwie nicht richtig an. Vielleicht doch besser mit Hilfsverb. „Wenn er eine Amöbe wäre, würde er flummsen.“ Nicht perfekt, aber damit konnte man leben. Wer brauchte ohnehin die blöde Möglichkeitsform: entweder man flummste, oder man flummste nicht, basta!

Ich beschloss, mich wieder auf sicheres Terrain zu begeben, die Substantivierung von Verben oder wie auch immer man das nennen mochte, ich war schließlich kein Linguist. Das Flummsen: Ganz klar die Tätigkeit, bei der man flummste. So konnte ich mir durchaus vorstellen, dass das Weitflummsen in ferner Zukunft – in sehr ferner Zukunft – zur olympischen Disziplin wird: „Und an den Start tritt Georgios Paspadoulos aus Griechenland, seine Götterspeise in den heimatlichen Farben blau und weiß gestreift. Noch sitzt die Masse fest im Zentrum des Tellers, aber schon beginnt Paspadoulos sich im Kreis zu drehen, einmal, zweimal… und der Wackelpudding flummst los. Ein guter Wurf, die Flugbahn geradezu ideal! Sanft landet die Masse und gleitet weiter, zwanzig Meter, 21 Meter, 21 Meter 54 Zentimeter und 8 Millimeter!!! Das ist es! Ein neuer Weltrekord im Weitflummsen! Wer will Paspadoulos nun noch den Titel streitig machen?“ Der Flummser ist somit ganz unzweideutig derjenige, der die Tätigkeit des Flummsens ausführt – unser hypothetischer griechischer Olympionike Georgios Paspadoulos.

Bleibt noch der Geflummste. Hier muss man wohl aus dem Stadion zu unserem Beispiel in der U-Bahn zurückkehren. Ein Geflummster ist jemand, der geflummst wurde.

Gegebenenfalls könnte man sich noch ein Gerät zum professionellen Flummsen ausdenken, das dann wiederum ganz klar ebenfalls ein Flummser wäre, aber ich beschloss, mich vorerst mit der Erfindung des neuen Wortes zufrieden zu geben und mich dem Flummser später zu widmen.

So, als letztes galt es noch, den Wortstamm näher zu beleuchten. Flummi und plumpsen schossen einem da natürlich sofort ins Auge. Die historische Entstehung von *flummsen* steht einem dergestalt geradezu plastisch vor Augen, womit wir wieder am Anfang angelangt wären, beim vom Teller gleitenden Wackelpudding. Sollte Ihnen in Zukunft also ein ähnlicher Lapsus unterlaufen, dann denken Sie an meinen Sohn und natürlich daran, dass Sie gerade geflummst haben.

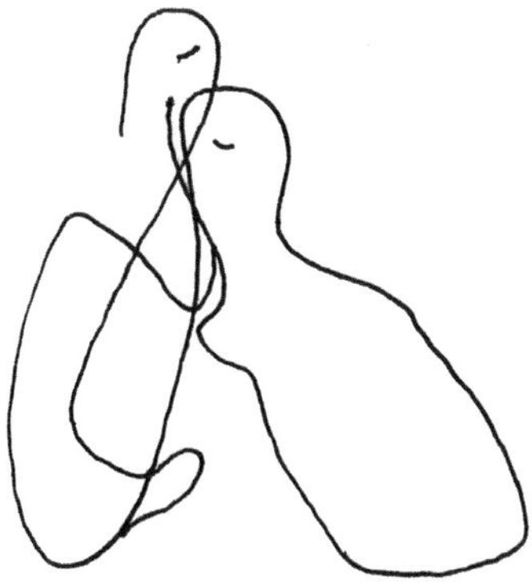

Günter Bohn: *Musenbusserl*

Hans Schütz

Dreckfuhlerteufel

Ich bin der Dreckfuhlerteufel
mach das Leben schwer
für Autoren und Lektoren
und jeden Zeitungsredakteur

Ich bin der Dreckfuhlerteufel
und ich freue mich sehr
über jeden kleinen Fehler
und über große noch viel mehr

Vokale vertauschen
Konsonanten verdrehn
Wegstaben verbuchseln
Satzzeichen übersehn

Ich bin der Dreckfuhlerteufel
mach das Leben schwer
für Autoren und Lektoren
und jeden Zeitungsredakteur

Ich bin der Dreckfuhlerteufel
und ich freue mich sehr
über jeden kleinen Fehler
und über große noch viel mehr

Leerzeichen vergessen
Überschriften entstellen
Absätze falsch herum setzen
Ein Hoch den Fehlerquellen

Ich bin der Dreckfuhlerteufel
mach das Leben schwer
für Autoren und Lektoren
und jeden Zeitungsredakteur

Ich bin der Dreckfuhlerteufel
und ich freue mich sehr
über jeden kleinen Fehler
und über große noch viel mehr

Ist der Text erst gedruckt
gibt es kein Zurück
jeder Fehler im Werk
ist für ewig mein Glück

Ich bin der Dreckfuhlerteufel
mach das Leben schwer
für Autoren und Lektoren
und jeden Zeitungsredakteur

Ich bin der Dreckfuhlerteufel
und ich freue mich sehr
über jeden kleinen Fehler
und über große noch viel mehr

Regt der Leser sich auf
ruft wie kann man nur
lebe richtig ich auf
so lieb ich Lateritur

Günter Bohn: 1 *Liter Ratur*

Carmen Kraus

Márais Schwester

Brüder aus gleichem Hause
sind deine Gedanken den meinen.
Wie eine kleine Schwester
fühle ich mich geborgen darin:
Kultur als mutige Jungfrau,
streitbar das Leben erschaffend,
Ordnung, penible, geboren
aus den einsamen Windungen der Zeit,
Odysseus' verwegene Fahrten
in gottfrei gewordene Welten,
im Wartehäuschen Penelope,
geduldig sich selbst bezähmend
bis der Wassermann
die wilden Jahre verschlingt.

... und die Liebe

Günter Bohn: *Verliebspiegelt*

Unsere Missverständnisse mit der Liebe entstehen dadurch, dass wir nur ein Wort für sie im Gebrauch haben. (MD)

Gerwin Degmair

Liebe

die man nicht mit Worten nährt
und nicht mit Taten stärkt,
gleicht einer Pflanze,
die man nicht gießt
und nicht düngt –
sie stirbt.

Lieber

Will lieber ich ins Herz ihr tragen,
was anderswo ins Aug' kann gehn,
will ich der Liebsten leise sagen:
„Du bist so schön, so wunderschön!"

Am liebsten

gäb ich keine Ruh,
zög an den nächsten Wanderschuh
und eilte über Stock und Stein
jetzt mitten in dein Herz hinein,
still folgend meinem Herzen nur –
auf heißer Liebe tiefer Spur!

Angelika Müller

Gleichgetaktet…

… im Laufen, im Atmen,
im Handeln, im Denken,
in parallelen Schienen.

Halte gleichzeitig,
Tempo gleichmäßig,
Blicke gleichgerichtet.

Gemeinsamer Startpunkt,
gemeinsamer Weg,
gemeinsames Ziel.

Jeder mal voraus,
jeder mal gestolpert,
jeder mal aufgefangen.

Einer des andern Schatten,
einer des andern Sonnenlicht,
einer des andern Regenbogen.

Hannelore Warreyn

Zurückhaltung

Wir trafen uns zufällig
begrüßten uns förmlich
doch
in Liebe
umarmten wir uns
im Blick

Klaus Köhler

Fräulein Krohn

Bendix ging gern in die Schule. Nicht nur, weil er jeden Tag etwas Neues lernte, sondern vor allem wegen seiner Lehrerin. Es war eigentlich nicht seine eigene Lehrerin, sondern die aller Schüler in der Klasse.

Aber etwas war besonders. Fräulein Krohn kümmerte sich etwas mehr um ihn als um andere Schüler. Der Grund war seine Linkshändigkeit. Er musste lernen, mit der rechten Hand zu schreiben, denn 1943 hatte es keine Linkshänder zu geben. Sie beugte sich manchmal zu ihm hinunter, führte ihre linke Hand hinter seinem Rücken herum und hielt seine linke Hand fest, damit er nicht auf den Gedanken kam, den Griffel in die linke Hand zu nehmen. Nach und nach fiel es ihm immer leichter, seine Rechte als Schreibhand zu nutzen.

Bendix hatte in einem Märchenbuch ein Bild gesehen, das Schneewittchen zeigte. So ähnlich sah seine Lehrerin aus. Sie hatte pechschwarzes Haar, das in langen Schillerlocken ihr schönes Gesicht einrahmte. Bendix liebte seine Lehrerin.

Nach einigen Wochen Schulzeit wurde er zu Hause gefragt, was ihm in der Schule am besten gefiel. Seine Antwort: „Am liebsten hab ich Fräulein Krohn. Wenn ich groß bin, heirate ich sie." Es war für die Zuhörer nicht leicht, eine passende Antwort zu finden. Schließlich meinte die Mutter: „Da musst du aber noch viel wachsen."

Als das Schuljahr schon halb vorbei war, gab es eine Neuigkeit: Fräulein Krohn hatte geheiratet und hieß nun Schröder. Das war ein Schlag! In der folgenden Zeit blieb die Liebe, aber irgendwie anders.

Renate Exsz

Vom Glück

Als ich dem Glück begegnete, spürte ich die Liebe,
mein Herz musste vor Freude lachen.
Diese Freude möchte ich mit Freunden teilen.
Es war kein Zufall und niemand, wirklich niemand
wird in der Lage sein, dieses Glück zu zerstören.

Bei unserem Treffpunkt am Morgen, als wir uns zum
ersten Mal näher kamen, begann bereits die Zukunft.
Wir müssen sie nur zulassen, es einfach tun.
Denn das Glück ist wie ein Strudel der Gefühle.
Wie ein tosender Wasserfall,
umspannt von einem Regenbogen,
der das Licht der Sonnenstrahlen bricht und
die Farben der Wiese doppelt so schön erblühen lässt.

In dir erwacht der Drang, es zu berühren.
Du möchtest es spüren, anfassen, schmecken, riechen.
Du nimmst es auf wie ein gieriger Schwamm –
So groß kann das Glück in dir sein!

Günter Bohn: *Herzeln*

Günter Bohn

Lichtgestalt

Die an deinen Schultern
grazil wirkenden Flügel
entfernten durch himmlische Kräfte
das über deinem Leib liegende Gewebe.

Prachtvolles
ergoss sich meinen Augen.
Das Universum
hat sich auf den Punkt gebracht.

Mit dir schwinden alle Sinne,
doch in Erinnerung
bleibt mein Augenlicht erhalten.

Hans Schütz

Bittgesuch

Liebe Margerite,
ich hätt' da eine Bitte:
Lass doch jedes zweite Blütenblatt
ganz schnell fallen, denn dann hat
meine Liebste beim Abzählen
keine Zweifel, die sie quälen.
Um aber richtig sicher zu gehn,
lass am besten nur ein Blättchen stehn,
die Eins ist nämlich allemal
beim Abzählreim die beste Zahl.
Er liebt mich kommt dann immer raus,
das Negative scheidet aus.

Franz Oberhofer

zwischenbilanz

misslungen
ein liebesspiel mit
meiner mundharmonika

misslungen
muss wohl sein
das letzte wort
denn um ein haar
erschlich ein
allerletztes sich
die zeit den ort

sternkredite lass'
ich heute stunden
lichtjahre fern
dem zahlungsziel

im rücken ruhend
dich zu wissen
ist gelungen

zur nacht
malt sich der tag
ein dunkelrot
die ouvertüren
sind im grunde
angeklungen

das letzte wort
nur gesungen
wird berühren
ist an sich gelungen

wo ist es dir
entsprungen?

Waltraud Niedoba

Glückstraum

Ein kleines Glück,
ich sah es kaum,
es war ein Blick
nur über'n Zaun.

Doch dieser Blick
war gar so tief,
dass mir's durch
Mark und Beine lief.

Der Blick war kurz,
man glaubt es kaum,
es war eine Elfe
hoch über dem Baum.

Die Elfe war so fein und zart,
voll Ehrfurcht hofft' ich,
dass sie keiner zertrat,
als Traum für mich.

Günter Bohn: *Traumpaar*

Heidenore Glatz

Allein – mit DIR

Einsam
über den weichen Moosteppich schreitend
im Zwiegespräch mit DIR
Zwischen hohen Baumstämmen
das farbige Lichtspiel der Sonne

DU bist die Antwort
auf meine Fragen
die innere Leere

Das Zwitschern der Vögel
das Rascheln der Blätter
lassen mich aufhorchen

Ich bin nicht allein!

DU bist da
kennst meine Sehnsucht
trägst mich
umarmst mich
DU füllst mein Herz mit Freude

Hannelore Warreyn

Wortspiel „Du“

In meinem Kopf bist
du zu Haus
dort zündet die Wehmut
ein Herdfeuer an
für einen langen Winter
komm – und bleib

Heidi Kjaer

Goldmarie

Im Warten auf den Goldregen
vergehen die Tage:
glücklos,
hitzeschwer,
gewitterträchtig.

Es reiht sich Tag an Tag,
Stunde um Stunde.
Kein schattenspendender Baum
mit dickem Stamm
und grün im Laub...

Keine wiegenden Blätter im Wind.
Stille in tagheißer Glut.
Nichts, was den Durst löscht,
den Hunger stillt,
Erlösung schenkt.

Eine gnadenlose Sonne
laugt mich aus,
gräbt Furche um Furche
ins Gesicht.
Dunkle Schatten im Blick.

Sehnsuchtsfäden
verwebe ich
als Spur in dein Herz.
Ein Weg, der herausführt
aus vertrocknetem Land.

Seite an Seite
stellen wir uns in den Regen
und trinken das kühlende Nass.
Dein Schatten und ich.
Goldene Tropfen im Becher.

Günter Bohn

Sprudel

Du öffnest in mir ständig Schleusen,
aus denen GEDANKEN und GEFÜHLE sprudeln,
die, luftig schwebend,
tänzelnd, taumelnd, fliegend und wälzend,
zu dir mögen.
Es sind nackte schlanke, dicke ranke,
geschmeidig handfeste,
von allem gar das Beste,
und blumig exotische und zwangsläufig erotische.

Marianne Porsche-Rohrer

Malve

Der Bernhard lädt zu Malventee
Die Monika aufs Kanapee.
Sie stammelt zart am Telefon:
„Ich komme gern, ich freu mich schon."

Doch dann befällt sie Schamesröte.
Was wär', wenn nicht nur Tee er böte?
Wollt' er sie wohl auch an sich drücken?
Das würde sie zwar sehr entzücken,

Denn sie ist völlig unerfahren,
Jedoch schon ziemlich reif an Jahren.
Sie überlegt ganz intensiv.
Die Stimmung ist mal hoch, mal tief.

Dann fasst sie einen kühnen Plan,
Ruft gleich den guten Bernhard an
Und sagt: „Ich komm' zum Malventee
Am besten gleich im Negligé."

Gerwin Degmair

Schäfchens Gänseblümchenliebe

Gänseblümchen! Gänseblümchen!
Bleich die Wangen, gelb das Näschen –
„unbescholtnes Heiligtümchen“! –
mir zu Füßen, wie ein Häschen.

Will dich küssen, knutschen, herzen
sinnestrunken – selbstvergessen –
zwischen Gräsern mit dir scherzen
und zur Nacht ... dich fröhlich fressen!

Oh, wie fraß ich dich vergnüglich!
Und du schmecktest so vorzüglich!
Gänseblümchen, Gänseblümchen,
für's Konsümchen Dank posthümchen!

Günter Bohn: *Erblüht*

Günter Bohn

Erblüht

I hob Blümerl pflückt
nur für di.
I hob a Streißerl bunden
nur für di.
Und wenn's verblüht
blüh i für di!

Heidi Kjaer

Sommersatt

Im Abendrot
geh ich den Weg,
am Wiesenrain entlang.
Ein Sommertag
in deiner Spur,
der Liebe Lobgesang.

Die Wolken,
weiß gefärbt und blau,
beleben meinen Blick.
Ein Farbklecks hier,
ein Farbklecks da –
Geschenk fürs kleine Glück.

Und immer noch
der Stimmen Klang
im tiefen Wiesengrund.
Von weither –
wie vom Wind gehaucht –
ein Kuss
auf meinen Mund.

Ich wollt,
der Himmel bräche auf!
Verblasste Rosen blühn.
Vergangenheit
löst selbst sich auf,
und Schleierwolken ziehn.

Und dann
dein Schritt!
Dein leichter Schritt. –
Schon wieder nur geträumt!

Ein sommersattes Ahornblatt
umsonst sich aufgebäumt.

Es schwebt vom Baum
so leicht die Fracht.
Sein Sinn hat sich erfüllt.
Und noch im Fallen
wird es sacht
von Liebe eingehüllt.

Es fällt –
bis an der Erden Rand.
Wie ist der Raum so weit!
Es fällt –
in die geliebte Hand
aus einer andren Zeit.

Adelheid Reßler

Für die Liebe ist man nie zu alt

Ich lieb deinen Mund, ich lieb deine Augen,
weil sie mich fesseln und mich bezaubern.
Ich lieb dein Gesicht, ich lieb deine Hand,
vor allem aber deinen Verstand.

Nur ein Wort – und ich finde Kraft und Mut
alles zu ertragen, wie weh es auch tut.

Ich lieb deinen Namen, ich liebe dein Herz,
es schlägt so wie meins, ich fühl es bereits.
Ich lieb deinen Blick, der mich immer betört,
ich lieb einfach alles, was zu dir gehört.

Heidenore Glatz

Eine Hand voll

Eine Hand voll Liebe,
die du mir schenkst.

Eine Hand voll Treue,
wenn du zu mir hältst.

Eine Hand voll Trost,
den du mir gibst.

Eine Hand voll Verständnis
für meine Not.

Eine Hand voll Stütze,
wenn ich sie brauche.

Eine Hand voll Geborgenheit
in meiner Angst.

Eine Hand voll Zuspruch,
wenn ich verzage.

Eine Hand voll Verbundenheit
für dich und für mich.

Nur eine Hand voll Geben,
ist ein Geschenk
in meinem Leben.

Carmen Kraus

Deine weiche Stimme

Deine weiche Stimme
in meinem Ohr, Hase,
löscht das Feuer
des Drachen aus,
glättet die stürmischen
Wogen der Lust,
zähmt die Furie
mit flammendem Haar.

Deine weiche Stimme
in meinem Ohr, Hase,
schmilzt das Eis
auf dem Herzensberg,
lässt graue Asche
farbenfroh erglühen,
bringt ruhiges Blut
in heiße Wallung.

Deine weiche Stimme
in meinem Ohr, Hase,
wenn du es wüsstest…

Lore Kienzl

6. September 19..

Des Nachts, wenn ich im Schlaf schon bin
und alle Sterne funkeln,
sucht meine Hand zu dir sich hin –
ich lächle noch im Dunkeln.

Renate Exsz

Ein Lächeln für die Seele!

Wer Liebe sät,
der wird auch Liebe ernten –
vielleicht nicht gleich, aber ganz sicher irgendwann.

Wer Hoffnung schenkt,
der wird auch Hoffnung spüren –
nicht jetzt, aber dann, wenn er sie braucht.

Wer gnädig ist,
der wird auch Gnade erhalten –
genau in dieser Zeit, in der er einen Fehler macht.

Wer ein Lächeln schenkt,
der wird es vielfach zurückerhalten –
in dem Moment wird er nicht traurig sein, nicht weinen.

Darum lache,
so oft du es nur kannst,
denn das ist Balsam für die Seele!

Lore Kienzl

... auf dem Weg

Abgetaucht in tiefe Wasser,
uralt Väter halten Wacht.
Keine Reue bringt Vergessen,
Hölle erst die Reinigung vollbracht.

Der Traum vom Leben kann beginnen,
nichts ist, was zu halten war.
Nur dem Meister wird gelingen
zu lieben ... selbst das Chaos gar.

Franz Oberhofer

stein der frühlingsweisen

spätes rot, eines steinbruchs tiefer schoß,
ein selt'ner stein liegt nah am abgrund dort.
findling, stolperstein oder randstein bloß,
erfandest gleich ein hübsches kosewort.
jetzt steht der meilenstein vorm gartenhaus,
keuchend in der feuchten blumenerde.

des apfels blüte ruht sich auf ihm aus,
sehnt sich, dass die frucht ihm füllig werde.
der grenzstein ist berauscht von feinem duft:
elixier, von bienen hingesungen,
versprühet sich in blauer frühlingsluft.
winde kitzeln fein wie federzungen.

ich ringe hier um jedes wort.
mir wird zittrig, bin besoffen.
hätt' gerne dich an diesem ort
ganz entblättert angetroffen.

Franz Oberhofer: *Was trägt*

Günter Bohn

Wandlung

Oh, jetzt lass' ich das mal mit der ORCHidee,
die ich immerzu hegen und pflegen müsste.
Gestatte mir, dich für geraume Zeit in ein
BUCH zu verwandeln. Das der
„Sieben Siegel".

Kennst du schon alle Seiten in dir?
Bitte lies mir daraus vor.
Darfst Zeilen –
ja ganze Seiten – auslassen.
Darfst rückwärts lesen und mir gelegentlich
ein Märchen erzählen,
das zwischen den Zeilen steht.

DANKE!

Also, ich muss schon sagen:
Auch dein Einband hat's mir angetan.
Sein funkelnder Glanz mein Herz beglückt.
Unterleibig bis hin zum kleinen Zeh,
da bin ich sehr entzückt.

Hmm!

Ich lass es nun mit dem Verwandeln und:
Bleib, wie du bist! –
Hoffe, dass meinen ZAUBER,
du Schöne, nie vergisst!

Corinne Haberl

Das Tor der Liebe –
Haberls große Kulturgeschichte

Im rauschenden Sinneswahn
liebkost Leda Zeus, den Schwan,
mit Ali Gah Tor im Euphrat.
Ein Beischläfer, welch Hochverrat!
Tyndareos, gehörnt, zeigt alle an.

Am Wach-Tor, hinterm Limes,
arbeitet Sklavin Dolores,
betört so sehr den Gallier-Mann,
dass der Alte nicht mehr kann,
so wild und heftig war es.

Am Stadt-Tor steht das Seuchenhaus,
das Hospiz und das Freudenhaus.
Bader und Küfer gehn aus und ein,
holen sich bei der Hex' eine Pein
und sterben qualvoll, oh Graus!

Hinterm großen Scheunen-Tor
lag Freddy King the More
auf Gretis blonden Zöpfen.
Sie Chewing-Gum-t mit Mohrenköpfen,
er alle Sinne dabei verlor.

Frau Langbein und ihr Adebar
klappern seit über tausend Jahr'
aus Afrika, vom Winterrevier,
zum Isartor ins Sommerquartier. –
Der Münchner Frosch, der macht sich rar.

Heidi Kjaer

Eheleben

Do gibd's an Mo mit seina Frau,
de zwoa san oid und d'Hoor san grau.
Oft siggd ma's sitzn auf da Bank vor iam Haus,
's Elend schaugt deitli zum Fenschda raus.
A Kreiz is mit de Zwoa scho lang,
se ziang need mehr am gleichn Schtrang.

Se reedn nix, schaugn se need o,
oft froggd se staad: Wos hob i doh,
dass er glei gornix mit mia reddt?
In da Schloofstubn, hint, steht's laare Bett.
Er streichld bloß no d'oide Katz,
vor Jahren moi war sie sei Schatz.

Vierzg Johr sans zamm, jetzt hoda gnua,
am liaban hädda grood sei Ruah!
Woos soi ma redn und dausendmoi vo vorn ofanga?
Er hodd's oft gsogt: Iazd muaß moi glanga!
Er hodd oiss recht gmacht, do konn koana woos sogn.
D'Kinda wenn kämma, dann deaffa's ruig froogn…

Sei Lebn lang bloß garbat und gschuft, wiara Schdier,
iazd moog as hoid gmiadle, und nebn droo schdääd's Bia.
„Des derf wohl erlaubt sei, a Hoiwe, zwoa, drei!
In a gscheids Mannsbuid, do basst scho wos nei!"
Sei Frau sitzt danebn, gibt scho wieda koa Ruah,
de griagt hoid vom Redn goor nia need gnua…

Iazd sitzd se doo und muaß bitta woana,
ia Heaz is so schwaar, wiara Schubkarrn voi Schdoana.
Se woaß schoo, dass a trinkt, dees macht se schier krank.
Da Moh, da arm Seckl, hockt mim Surri auf da Bank.
„Oh mei, liaba Moh, wia denkschd da dees bloß?
Sigschd need unsa Elend, zeaschd kloa und iazd groß?

Gäh, sei doch vaständig und horch endle zua,
kimm, schaug mi moi o, i gib sonschd koa Ruah.
I muass da's iazd soogn, Moh, a wenn's di need gfreid:
I konn's nimma hean, dees Greed vo de Leidt!
I mahn di, i bitt di, du bischt doch mei Lebn!
In so vui Johr hodd's an Sonnenschein gebn.

Iazd, wo ma oid wean gääd's need ohne Vatraun.
Mia kunndn, grood heid noo, in Himme nei schaugn."

Carmen Kraus

Liebe im Wandel

Wie liebte sie ihn!
Damals,
als sie jung und schwach war
und er jung und stark.

Wie liebte sie ihn!
Damals,
als sie verbraucht und müde war
und er verbraucht und gereizt.

Wie liebte sie ihn!
Damals,
als sie verstand und verzieh
und er verstand und blieb!

Wie liebte sie ihn!
Damals,
als sie alt und weise war
und er alt und dankbar.

Liebe verwandelt.

Klaus Wuchner

Danach

Es ist kalt geworden,
urplötzlich eiskalt.
Wo doch der Herbst noch
schöne Tage erwarten ließ.
Der Wärmeborn
ist versiegt...
im Unendlichen.
Nebel beschlägt die Gedanken.
Gefangen im Nichtverstehen.

Boris Schneider

Magier sind auch nur Männer

Die Schlacht begann! An der Spitze der Streitkräfte stürmte Ash-Krik dem feindlichen Heer entgegen. Ein Kribbeln hatte seinen Körper erfasst, pure Magie pulsierte durch seine Adern. Klar, fast schon überdeutlich, sah er seine Gegner vor sich, las die Angst in ihren Gesichtern, weidete sich am Terror in ihren Augen. Ein lautes und brutales Gelächter brach aus seiner Kehle. Es klang, als hätten sich die Pforten der Hölle geöffnet. Die Kämpfer in den vorderen Reihen – eilig rekrutierte Bauerntrampel – begannen zu zittern. Dem einen oder anderen entglitt die Waffe. Einer drehte sich um und wollte davonlaufen, aber einer der Ritter aus der zweiten Reihe schlug ihm kurzerhand den Kopf ab. Das hielt alle anderen zumindest vorerst im Glied. Ash-Krik war das nur recht. Es würden ohnehin alle sterben, und je näher sie zusammenblieben, desto schneller würde das Ganze gehen.

Die feindlichen Bogenschützen schickten die erste Salve. Offenbar hatten sie den Befehl, auf ihn zu zielen, denn der Geschosshagel war über ihm so dicht, dass er beinahe den Himmel verdunkelte. *Wieder ein Fehler,* grinste Ash-Krik. Ohne den Schritt zu verlangsamen, hob er den linken Arm. In einer beiläufigen Geste deutete er mit der Faust auf die Pfeile und schrie „Pyro-Tempeste!". Ohne sich weiter um die Geschosse zu kümmern, rannte er voran. Er sah es an den vor Panik erstarrten Gesichtern, dass der Zauber funktionierte. Hunderte kleiner Lichtpunkte spiegelten sich in den vor Schrecken geweiteten Augen seiner Gegner. Mit dunkelrotem Feuer züngelnd hagelten dann ihre eigenen Pfeile auf die Schützen hinab, brannten sich durch Schilde und Rüstungen, töteten Freunde und Kameraden. *Ihr habt Angst,* dachte Ash-Krik bei einem Blick auf das verzweifelte Heer seiner Gegner, *ihr tut gut daran, denn das war erst der Anfang!* Ash-Krik lachte so bestialisch, dass selbst seinen Verbündeten das Blut in den Adern gefror.

Als der Hexer bis auf die Reichweite einer Flammenlanze an die gegnerische Front herangekommen war, konnte man diese kaum noch als Kampflinie bezeichnen. Vor allem die Bauern liefen teils mit, teils ohne ihre Heugabel-Waffen wie aufgescheuchte Hühner umher. Ash-Krik beeindruckte das Chaos wenig.

Er kannte kein Mitleid. „Pyro-Infernalis!“, schrie er und machte eine Bewegung mit der Hand, als wollte er das gesamte gegnerische Heer wegwischen. Ein Flammenstrahl schoss aus seiner Handfläche, dass jeder Drache vor Neid erblasst wäre. Er brannte eine Schneise mitten durch die komplette feindliche Schlachtreihe und entzündete einen unschuldigen Baum, der im Hintergrund wie ein Scheiterhaufen flackerte. Das Feuer war von einer alles verzehrenden Hitze. Die Bedauernswerten, die im Zentrum des Flammenstrahls gestanden hatten, verglühten augenblicklich; die am Rand liefen noch eine Weile als schreiende Fackeln umher, bevor auch sie schmolzen.

Ash-Krik lachte wieder. Er spürte sehr wohl den Verlust an Energie. Die beiden Zauber hatten an seinen Kräften gezehrt, die Zeit der großen Magie war jetzt vorbei. Er zückte sein Schwert. „Pyro-Ferrum!“, sagte er und fuhr mit der Hand über die Klinge, die darauf mit demselben dunkelroten Feuer züngelte wie die Pfeile, die er zu den Schützen zurückgeschickt hatte. Dann stürmte er in den Kampf Mann gegen Mann. Ash-Krik war ein Hexer, kein Schwertkämpfer, aber mit der Waffe, die er in den Händen hielt, brauchte er das auch nicht zu sein. Allein sein Anblick rief Panik bei den Gegnern hervor. Wagte es tatsächlich einer, sich ihm in den Weg zu stellen, fraß sich die magische Feuerklinge durch feindliche Waffen, Rüstungen und Fleisch, als sei all das nur in der Sonne geweichte Butter. Es war klar, dass sie gewonnen hatten, es war eigentlich schon klar gewesen, bevor sie überhaupt angegriffen hatten.

Aber dann geschah es! Dann sah er sie! Ash-Krik hatte keine Ahnung, was diese Frau hier zu suchen hatte. Ohne einen Hauch von Furcht stand sie da, blickte ihm gerade und offen in die Augen. Es war ein Blick der Verheißung, der Ash-Krik Freuden versprach, die nie ein Mann verspürt hatte. Ihr Kleid war fast durchsichtig und wurde vom Wind gegen die wunderbar üppigen Formen ihres Körpers gepresst. Langsam schob sie ihren Rock immer weiter in die Höhe. Ash-Krik spürte, wie ihn eine Hitzewoge des Verlangens umspülte. Sein Herz begann zu schlagen, schneller als im ganzen Kampf vorher. Er wollte diese Frau. Sein Schwert senkte sich im gleichen Maße, wie sich etwas anderes aufstellte. Verführerisch lächelte die Fremde ihm zu.

Dann spürte er plötzlich einen stechenden Schmerz im Hinterkopf und sank bewusstlos zusammen.

Heidi Kjaer

Die Fremde

Die „Fremde“ wird sie hier genannt.
Man sieht sie des Abends am See.
Sie schickt ihren Blick über weites Land,
erzählt Wind und Wellen ihr Weh.

Hier lebt sie nun seit Jahren schon,
doch niemand spricht sie an.
Sie ist allein, das weiß man ja,
hat weder Kind noch Mann.

Oft steht sie lauschend nur so da,
als hörte sie auf Stimmen,
dort, bei dem weißen Pavillon,
Musik und Gläser klingen.

Er hat sie längst, noch aus der Ferne,
am roten Haar erkannt – und so,
als wäre alles richtig, sie
„schöne Frau“ genannt.

Noch liegt sie nicht in seinem Arm,
sie denkt: Noch kann ich gehn…
und auch die Schläfen, silbergrau,
hab ich schon oft gesehn.

Er ist ein Jäger, ein Galan,
das zeigt ihr schon sein Blick.
Er liebt die Frauen ohne Zahl
und nennt das auch noch „Glück“.

Sie wird die Fremde hier genannt,
und wird es immer bleiben.
Nur diese Nacht in seinem Arm,
was dann kommt, wird sich zeigen.

In dieser Nacht ein Engelsheer,
sehr klug und sehr belesen:
Sie blättern Lebensseiten um,
als wäre *NICHTS* gewesen.

Max Dietz

Dichterliebe

Allzu hoch
Für müde Glieder
Trennen die Hürden
Deiner Stimme zu folgen
Doch tönt das Echo
In meiner Dichterbrust
Verwandt
Schwingt die Seele
Im gleichen Takt –…

… Den Geist zu streicheln
An den erogenen Zonen
Herauszufinden
Wo Gedanken lohnen
Zu tauchen im Erlebnis-Horizont
Und endlich spüren
wo auch Wahrheit wohnt…

Hans Schütz

Liebesgeflüster

Kann man einen Fluss so lieben,
wie's uns überschwemmt bei schönen Frau'n:
ausgeliefert allen Trieben
bedingungslos nur noch nach einer schaun?

Komm geh und wat ins kühle Nass hinein,
wo Wellen deinen Leib umspülen.
Lass alles andre Denken sein,
nur noch den Fluss, den sollst du fühlen!

Manch einer hängt sich ein Porträt
von seiner Liebsten an die Wand.
So ist sie immer in der Näh',
gemalt von eines Meisters Hand.

Ein Bild vom Lech häng ich mir auf,
bereichert täglich meinen Raum,
begleitet meinen Tageslauf,
besucht mich oft sogar im Traum.

Günter Bohn: *Herzensluft*

Carmen Kraus

Dichterklage

(Ja, „Die Deutsche Sprache ist voller Seltsamkeiten")

Tja, leider, leider habe ich so wenig Zeit, um auf Bäume zu klettern, und noch viel weniger, mich fallen zu lassen. Am Samstag ist die neue Brille fertig, die Terrasse bröckelt zu sehr, um sie noch ein Jahr aufzuschieben, und die Markise ist auch kaputt, seit heute auch noch die Kaffeemaschine. Das sind nun alles klare Begriffe, ganz ohne Hof, und sie hämmern gnadenlos in dieses Leben. Zwar versuche ich immer wieder mal, mich rauszuwinden, aber irgendwann ist der Raum zu Ende, und ich stehe mit dem Rücken zur Wand, und alle Wer- und Wie- und Warum-Wölfe fallen gnadenlos über mich her. Und dann binde ich mir wieder die Büroschürze um und arbeite, bis alles vor meinen Augen verschwimmt und ich vor lauter Hof keinen Mond mehr sehe. Und bis das Dichteste noch Dichter wird und ich eintrete in diese Unschärferelation, die Goethe, Glatz und Rilke ausgesät haben. Und dann habe ich einfach wieder Glück und schaffe den Absprung und oszilliere zwischen Wahrheiten und Wirklichkeiten in einem dämmernden Universum, in dem niemand mehr klettern kann, schon gar nicht ich. Ein grenzenloser Raum, in dem das Wollen zum Säugling wird, der laut plärrend verdurstet, weil ihn eigentlich niemand mehr nährt. Und hier sitzt entspannt auf einem Stein das Gedicht, mit einladender Geste und einem Lächeln auf den Lippen vor der Schwelle zum seltsam ruhigen Paradies der deutschen Sprache.

Die Autoren

1 Monika Bayerle. Geboren in Landsberg am Lech. Berufstätigkeit in Landsberg und Augsburg. Lebt seit vielen Jahren ihre Begabungen und übt sich täglich in Aquarellmalerei und im Schreiben.

2 Günter Bohn. Geboren 1943 in Augsburg. Sozialpädagoge, seit 1981 freischaffender Künstler. In diesem Band mitwirkend als Zeichner und Poet.

3 Gerwin Degmair. 1937 in der Pfalz geboren. Vielseitiger Jurist. Widmet sich in seinen Gedichten besonders der Liebes- und Lebenslust.

4 Max Dietz. 1949 geboren und aufgewachsen in der nördlichen Oberpfalz. Küchenspezialist, Praxiseinrichter in Regensburg und München. Schreibt Prosa und Lyrik.

5 Renate Exsz. 1958 in Osterhofen geboren. Kinderpflegerin. Fernstudium für Autoren – literarisches Schreiben – bei der Cornelia-Goethe-Akademie in Frankfurt. Mehrere Buchveröffentlichungen.

6 Fred Fraas. 1939 bei Hof an der Saale geboren. Polizeihauptkommissar. Hat seinen Un-Ruhestand im poesievollen Hagenheim am Lech gefunden.

7 Doris Giebelhausen. 1945 von Gleiwitz nach Hessen verschlagen. Fotolaborantin; gemeinsame Filmproduktionen mit ihrem Mann. Märchenspezialistin.

8 Joachim Giebelhausen. 1926 in Chemnitz geboren. Bühnenbildner, Trickfilmproduzent, Grafiker. Veröffentlichungen: Fotofachbücher, Nonsensgedichte, Kurzgeschichten.

9 Heidenore Glatz. 1961 in Kronstadt geboren. Fachkraft für Senioren- und Demenz-Aktivierung; Fachreferentin. Schreibt Gedichte, Kurzgeschichten, Sketche, Traumreisen. Sachbuch „Ich bin noch da" und Beiträge in Fachzeitschriften; „Gedankentröpfchen".

10 Helmut Glatz. Geboren 1939 in Eger. Rektor i. R. Schreibt u. a. Kinderbücher und fantastische Geschichten und Gedichte. Spielleiter des Marionettentheaters „Am Schnürl" in Kaufering. 2004 Gründer des Landsberger Autorenkreises.

11 Thomas Glatz. Geboren 1970 in Landsberg. Studium Soziale Arbeit und Bildende Kunst. Arbeitet als Künstler in verschiedenen Bereichen wie Hörspiel, Konzeptkunst, Bilderwitz und Literatur.

12 Roland Greißl. Geboren 1949 in Untermühlhausen. Lehrer am Ignaz-Kögler-Gymnasium Landsberg. Die Schrecken, die Menschen

weltweit anrichten, und Vorgänge zwischen Diesseits und Jenseits bestimmen sein Schreiben.

13 Claire Guinin. 1929 in München geboren. Als Chemotechnikerin an Münchner Universitätsinstituten und ab 1963 bei der pharmazeutischen Industrie tätig. 1994 nach Landsberg gezogen.

14 Corinne Haberl. „Bayrisches 1961er Baujahr". Dolmetscherin/Übersetzerin (Französisch) aus Landsberg. Sieht sich als „Kreative Schreibversetzerin".

15 Monika Hrastnik. Geboren 1959 im Bayerischen Wald. Lebt in Kaufering, wo sie nie ohne Schreibzeug aus dem Haus geht, um aufkommende Gedanken immer und überall festhalten zu können.

16 Lore Kienzl. Geboren in München. Studium der Mathematik. Mitglied und Ausstellungen im Regionalverband Bildender Künstler. Seit 2006 schreibt und liest sie im Landsberger Autorenkreis, meist Lyrik.

17 Heidi Kjaer. In Hohenpeißenberg 1944 geboren und aufgewachsen. Mit ihren Mundartgedichten möchte sie aufzeigen, dass Dialekt nicht immer grob und ungebildet daherkommen muss.

18 Klaus Köhler. Geboren 1937 in Ostholstein. Lehrer in Kaufering und Landsberg. Eine seiner Spezialitäten sind Gedichte in Form von Stanzen und autobiografische Geschichten von „Bendix".

19 Carmen Kraus. 1964 in Temeschburg geboren, seit 1982 in Bayern. Tätig in Mediengestaltung und Lektorat. Schreibt seit ihrer Kindheit Gedichte, seit 2010 im Landsberger Autorenkreis als Lyrikerin.

20 Angelika Müller. 1956 in Hof an der Saale geboren, Informatikstudium, heute beheimatet in Penzing-Oberbergen; Leib-und-Seele-Hobbys sind orientalischer Tanz und Lyrik.

21 Waltraud Niedoba. Wohnhaft in Landsberg. Kunstschule Augsburg, Grafik-Designerin. Kinderbuchautorin: „Panchito und der tibetische Mammuthamster", „Elefant Chocolate in den Drakensbergen".

22 Franz Oberhofer. Geboren 1961 bei Trier. Dipl.-Designer, Werbetexter und Drehbuchautor. Ein Studium der Religionspädagogik führte ihn 2003 in den Schuldienst.

23 Marianne Porsche-Rohrer. Geboren 1949 in Kaufbeuren. Apothekerin und Heilpraktikerin. Ihre lyrisch-naturheilkundlichen Tipps für den Alltag sind ernst gemeint, man darf aber darüber schmunzeln.

24 Adelheid Reßler. 1942 in Talmesch/Siebenbürgen geboren. Lehrerin. Hat auf einem Bauernhof in Steingaden ihr Glück gefunden. An der Ziehharmonika spielt sie gern Volkslieder und singt dazu.

25 Ida Rittner. 1924 geboren in Freihung in der Oberpfalz. Erfolgreiche Malerin. Schreibt neben Mundart-Gedichten auch Märchen und Stücke fürs Theater.

26 Dr. Boris Schneider. Geboren 1971 im Siegerland. Biochemiker. Lebt in Buchloe und schreibt hauptsächlich Kurzgeschichten für diverse Anthologien; Tierroman „Mauszeiten".

27 Hans Schütz. 1951 in Lechbruck im Allgäu geboren. Lehrer, Umweltaktivist. Veröffentlichungen, Lesungen und Kleinkunstauftritte. Programme: „Kieselklang und Wortgesang" sowie „Lechliebe".

28 Otto J. Stedele. 1935 als „Bauernbub" geboren. Pilot, Oberstleutnant. Leidenschaftliche Beschäftigung und Pflege der Lechrainer Mundart. Im Oktober 2014 in Landsberg verstorben.

29 Hannelore Warreyn. Geboren 1946 in Schwandorf in der Oberpfalz. OP-Schwester, Pflegedienstleitung. Märchenerzählerin, schreibt Gedichte und Prosa.

30 Paul Heinrich Wendland. 1936 in Plock an der Weichsel geboren. Evang. Diakon. Drang zum Schreiben von Prosa und Erlebnislyrik durch die Schule des Lebens, Veröffentlichungen v. a. in Anthologien.

31 Klaus Wuchner. 1942 in Freiburg im Breisgau geboren, in München tätig in der Flugzeugindustrie. Für den Autorenkreis auch langjährig aktiv mit der Dokumentation von Dialekten.

Mehr Infos zu den Autoren unter www.landsberger-autorenkreis.de

Autoren und Beiträge

Hannelore Warreyn

Der Mutterturm 13, Begegnung 45, Bilanz 95, Parallelen 163, Beim Singen 219, Schreibwarnung 228, Zurückhaltung 261, Wortspiel „Du" 267

Paul H. Wendland

Aufbruch-Zeit 55, Eines Erdenpilgers Wanderlied 65, Erfahrungen eines geistig empfindenden Hinterfragers 141, Die einleuchtende Gedankenkraft im verdichtet geformten Wort 179, Bitte eines Lebenskunde-Schülers 209, Ein profiliertes Zeilengesicht 234

Klaus Wuchner

Der Sohn meines Freundes 33, Erkenntnis 54, Lügen 143, Kunsterlebnis 187, Nebel 180, Gescheitert 229, Danach 282

Bildnachweise

Monika Bayerle

Tanz der Giganten 133

Günter Bohn

Waalheimat 9, Trennung 32, Empfängnis 43, Odem 96, Bin umgezogen 97, Bevölkerungsteile im Wachstum 107, Bauchgedankenblasen 121, Zu Herzen gehend 125, Zeittraum 153, Cirkussuperbia 170, Blätter in den Wind geschrieben 175, Entitäten 178, Begreife! 185, Ei, ein Has' im Ohr 196, Gefalter 211, Tänzchen 217, Loslassen 225, Torpanik 242, Musenbusserl 255, 1 Liter Ratur 257, Verliebspiegelt 259, Herzeln 263, Traumpaar 266, Erblüht 270, Herzensluft 287

Max Dietz

Stein sein 165, Peinliche Anfrage 235

Helmut Glatz

Drei Toren 14, Horst versteckt sich auf einem Baum 64, Der Geigenzähler 74, Irrtum 80, Hund und Jäger 111, Fingertraum 140, Meine Insel 183

Thomas Glatz

Kirchturm 16, Im Surrealismus-Museum 224, Der Anflug von Ironie 240

Lore Kienzl

Bergwelt 22

Franz Oberhofer

Der Erfinder 89, Irdene Lehmgestalten 147, Was trägt 277

Quellenangaben verwendeter Texte

Joachim Giebelhausen

Die Alternative, Mobilofant, Galaktische Apotheke, Braucht er Waffen? – in: Göttliche Notizen, Verlag Ch. Möllmann, Borchen 2014

Helmut Glatz

Der Geschichtentopf – in: Das Wirtshaus im Sachsenrieder Forst, Wolfgang Hager Verlag, Berlin 2004

Hund und Jäger – in: Kennen Sie Nathalie Rülps, Wolfgang Hager Verlag, Berlin 2007

Der Geigenzähler – in: Der Gesichtsverkäufer, Norderstedt 2010

Meine zehn Finger – in: Die Novelle, Zeitschrift für Experimentelles 2/2014

Carmen Kraus

Lichtkind – in: Pfarrbrief der Stadtpfarrgemeinde „Zu den heiligen Engeln" Nr. 165 (Weihnachten), Landsberg am Lech 2014

Marianne Porsche-Rohrer

Bärwurz/ Hagebutte/ Malve – in: „Mit Malventee am Kanapee", Schongau 2010

Schicksalsbewältigung/ Meditation/ Musik/ Pubertät – in: „Gesundheitstipps von Onkel Fips", Schongau 2011

Hans Schütz

Liebesgeflüster, Landart – in: „Lechliebe. Liebeserklärung an einen Fluss", Bauer Verlag Thalhofen 2012

Auf der Bleick, Trennungsängste, Früahling, Metamorphose, Dreckfuhlerteufel, Bittgesuch, Klassische Dichternöte – in: „Lyrisches Menü", Bauer Verlag Thalhofen 2014